# 空性

## ——宗喀巴《菩提道次第廣論》之空性教導

Introduction to
EMPTINESS
*as Taught in Tsong-Kha-Pa's Great Treatise on the Stages of the Path*

蓋・紐蘭 *Guy Newland* 著　項慧齡 譯

一切事物是分割的，
沒有什麼是完整的。
一切事物令人刮目相看，
切勿受到欺瞞。

——大衛·拜恩（David Byrne）

某些人將告訴你它不重要，
那是一個謊言。
每一件事物都重要，
好事遲來。

——卡羅·阿涅特（Carroll Arnett）

# 目次

※本書注釋說明：(1)為原注；[1]為譯注

# 導言

「空性」（emptiness）？我們知道佛教教導勝義真實（ultimate reality）即是空性，因此，空性一定是重要的。我們或許覺得，「空性」一詞暗示著某種神祕難解的「空無」（nothingness）。即使我們擁有強烈的動機與發心，理解空性一直都是一項挑戰，我希望這本書對此將有所幫助。

如果你擁有一些佛教背景，但並未專精於佛教哲學，那麼不論你是一個認真的修行者或只是出於好奇，我這本書都是為了你而寫。我急於向你介紹三十多年來一直令我著迷的事物：藏傳佛教格魯派所談論的空性。

我在撰寫本書時，主要是針對格魯派創始者宗喀巴・羅桑札巴（Tsong-kha-pa Lo-*sang-drak-pa*, 1357-1419）在其巨著《菩提道次第廣論》（*The Great Treatise on the Stages of* the Path of Enlightenment；藏 *byang chub lam rim chen mo*。簡稱《廣論》）中，就討論「勝觀」（insight）的部分，以我自己的語言來概述、闡釋其中所提出的關鍵想法與論點。宗喀巴通曉印度文學及其所繼承的藏傳佛教，在經過密集的禪修之後，他得出一個無所不包、綜合協調這些教法之義的絕妙遠見。在1402年，宗喀巴把這個遠見呈現在

《廣論》之中；六百年之後，約書亞・克特勒（Joshua Cutler）帶領一群佛教學者，把整部《廣論》譯成英文並付梓出版（Snow Lion Publications, 2000-2004）。在本書中，當我提及《廣論》時，我引用這個英譯本，並且標示出其冊次與頁碼。

當約書亞與我編輯《廣論》時，我們真的想要創造一個忠於藏文原著又清晰可讀的英譯本。我們認為，大部分的內容已達到這個目標，但是第三冊有一部分——處理空性為真實（reality）本性的勝觀，則是那麼地錯綜複雜，以至於沒有一種翻譯本身能夠完全地讓一般讀者了解其中的內容。這純粹是因為宗喀巴如同大多數傳統的佛教作者一般，當他在撰寫有關空性的內容時，並非為了讓初學者明瞭而寫。

在本書中，我的目標是在想要理解空性的當代讀者與宗喀巴甚深闡釋的鴻溝之間，構築一道橋梁。《廣論》無庸置疑地是一部經典巨著，因此肯定會有其他書籍可以幫助讀者深入論「勝觀」最棘手的部分。但是，現在我們需要一個起點，我使用對學生所提出的相同例子，精鍊、概括與重述宗喀巴的關鍵想法，使讀者們能夠了解它的部分意義。由於受到西藏文學傳統的啟發，我進一步擷取出本書各章精要，集結成附錄。

任何仔細閱讀宗喀巴著作的人，將會感受到接觸他之後的啟發力量。他的教法具有普世的吸引力，在任何世紀都能夠大大地釐清人類日常經驗的本質。這個教法之門應該向所有想要迎接挑戰的人開啟。

第一章

# 如何解脫？

(1)

我們因為不了解自己而承受著無謂的痛苦，如同染上毒癮的人極度沉溺於毒品一般，無法放下自己是具有實體、堅實、獨立自主的這種感覺。我們運用大大小小的計謀去攫取、傷害，而所有這一切都奠基在我們對「我們如何存在」、「身為有情眾生，我們是誰」所產生的虛妄執取之上。我們懷著恐懼、瞋恨與驕慢，為了這個被誇大的「我」（self）而去傷害別人；我們構築貪婪，以滋養、滿足這個被誇大的「我」一時興起的每個念頭。然而，貪婪與傷害之道完全無法引領我們朝向快樂，它反而是不滿與痛苦的循環之道——輪迴。我們一再地、剎那又剎那地陷入於自己不知不覺所設下的陷阱之中，正如毒癮者的毒品，這種有個獨立存在之「我」的虛妄見解，就是我們與他人巨大痛苦的來源。

## 空性如虛空

當然，我們確實存在，我們是有情眾生。我們作出許多選擇，而讓自己與他人有所不同。但是，對所有人而言，在某個層次上，我們無法只是「存在」而已。為了真實地活著，我們覺得自己一定是以某種堅實而獨立的方式存在著。雖然「死亡」告訴我們一個截然不同的故事，但也正是因為如此，我們便千方百計地去避免聽聞「死亡」的訊息——我們是無常的，我們的身體就在當下正剎那、剎那地壞滅。雖然我們拚命地想要去相信身體並非無常的，但真相是：在我們不斷改變的心與不斷老化的身體底下，沒有一個永恆的、自性的「我」。我們沒有自性，沒有獨立的存在。

我們是以依他而起的、相互依存的方式而存在。我們唯有依賴祖先、身體各部位、食物、空氣、水與其他的社會成員，才能夠存在，否則便無法也不會存在。在無任何獨立或實體的自性之下，我們的存在之所以成為可能，完全是因為它並非如我們所想像的那麼堅實、具體。

我們沒有看見事物的真貌，反而在自己與周遭事物之上增益（虛構）一個虛妄的「有」（existence，存在）——「自我存在」（selfexistence）或「自性真實」（essential reality），而這些實際上完全不存在。佛教哲學解釋，勝義諦（究竟真理）無絲毫這種自性，這就是「空性」（藏stong pa nyid；梵shunyata）。這聽起來或許讓人感到沮喪、失望或驚嚇，但它卻是真實的自性（nature of reality）。它是真實而非幻想，是我們最後的希望與皈依處，讓我們與他人得以脫離無謂痛苦的解脫道，即是透過對這根本真實的甚深了悟而達成。

在一開始，我們要如何讓自己覺得「空性」是如此正面的事物呢？「空性」一詞具有強烈的負面意涵。首先，它讓人覺得它與解脫的修行之道截然相反。它或許暗示著空洞、死寂、絕望與了無希望，也或許暗示著「了無意義」（meaninglessness）。假如我們透過聯想去想像與「空性」一詞類似的概念，就會想到它甚至似乎暗示著沒有什麼事物是重要的。

我們將藏語「stong pa nyid」和梵語「shunyata」翻譯為「emptiness」（空性），前兩者的字義實際上的確就是指「空性」，它們尤其是指事物中缺乏或無有某種性質，但並非缺乏意義、希望或存在。它是指無有那種我們投射在自己與事物之上誇大、扭曲的存在，一種我們不自覺地加諸一切事物之上的虛妄自性。當我們開始去懷疑這種「粗重」（heavy duty）的真實時，可能令人感到相當畏懼。我們會覺得，如果事物不是以自己習於見到的那種堅實方式存在的話，它們就完全無法存在。

但是，讓我們想想，如果我們真的是一種非常堅實的存在，那就表示我們永遠無法改變。假如這是我們的自性，我們就會一直都是那個樣子，將會被鎖定在「就像我們現在這個樣子的存在」（existence-just-as-what-we-are-now）之中，而且也不會有生命，一切事物都將靜止不動而停於現狀，且也無法跟其他有情眾生互動、成長與學習。我們怎能變得更有智慧？我們將如何尋得快樂？

我們隨著生活、成長，而學習到當我們能夠為其他人帶來快樂時，自己是快樂的。其他有情眾生及其痛苦是「空」的，但這完全不否定他們的存在與所承受的痛苦。相反地，它意味著這種痛苦不是真實中固定不變的部分，它可以被改變。事實上，它將會改變，但它會變得更好或更糟，則依仗因緣，這意指它有一部分將依仗我們自己。

我們可以把空性想成猶如清澈、蔚藍的虛空——一個寬闊、開放的透明空間。(2)如此一來，這「空」的本質便意味著「我們能夠成為什麼樣的人」的可能性是無限的，它不會受到阻擋、障礙或束縛。我們幫助他人的力量目前或許有限，但空性並無鎖鍊會阻止我們變得更有智慧、更慈愛；空性沒有門栓，它遠離任何加諸「我們是什麼樣的人」的內置限制。我們能變得多有智慧、多麼慈愛？當我們對此感到納悶時，不再添加不屬於真實的那些限制。

我們不可避免地會面臨一些難關，有時是很大的難關。修行之道需要時間與努力，但是障礙並非無法克服，因為它們不是真實結構中本具的成分。基本上，一切事物皆空無自性，我們也是如此，所以，如果我們能正確地理解空性的真實，那就是希望與鼓舞的巨大泉源。只因為我們是「空」的，「我們能夠成為什麼樣的人」的可能性才會完全開放，就如虛空是無界限的。

## 宗喀巴的教法

在本書中，我將概括地描述藏傳佛教格魯派創始者宗喀巴．羅桑札巴在《菩提道次第廣論》的後半部如何解釋空性。這本出版於1402年的《廣論》是宗喀巴五部重要著作[3]中的第一部，這些著作之中，宗喀巴詳盡地闡釋了自己處理佛教哲學的態度與方法，在其中，因明（邏輯）與戒律（道德規範）的正量（validity，標準）都被維持在一個徹底的空性見之中，這見地是：「一切諸法皆無自性。」一如其他大乘佛教徒，宗喀巴相信一切有情眾生都如正等正覺的諸佛般，具有獲得圓滿安樂的潛能。這條通往佛果的修行之道，牽涉了兩個因素的平衡發展：（一）通達一切存在事物之空性的智慧；（二）為了其他有情眾生的利益而採取的慈悲之行。智慧摧毀一切增益執（reification）[4]，並深入勝義諦，同時絲毫無損世俗諦（相對真理），讓我們得以存在，能明辨倫理道德，以及幫助那些受苦的眾生。[5]

讓我們目前於不滿足狀態之生死流轉的根源，是來自我們以一種扭曲且實有的觀點來看待自己的天生習性，我們也同樣地執持此習性，以相同的方式來看待一切諸法。為了獲得智慧，為了通達空性，我們必須看清自己妄計的誇大之「我」根本不存在，藉以克服增益見（reifying view）。宗喀巴強調，為了獲得這種證悟，我們必須運用正理（reason）去破除這個增益之「我」或自性的存在，也就是去證成它們並不存在。

我們全無「自我存在」的「我」——一個獨立存在的「我」，即於勝義中的「實我」（real self），但這不表示我們完全不存在，「補特伽羅」（person，或譯為「人」）[6]與其他諸法確實是相互依存的。佛陀提及「他自己」與他的行為時，也會使用「我」這個字眼，如此使用語言是自然且正確的。補特伽羅與其他事物只是於名言義（conventional sense）之中的存在，但僅僅以這個方式存在，就足以讓他們運作，而且事實上，這種存在方式是必要的。在沒有任何固定不變的、自性的、本具的存在能力之下，我們仍然能夠充分地選擇與行動。

在追求佛果的過程中，菩薩透過觀察作意，而獲得「『我』無絲毫自性」的正確宗見（philosophical view，宗派的觀點）之後，他會藉由猛利、深入且廣泛的修習，來熟悉這個見地，而在修行之道上繼續前進。這些智慧的修行，強而有力地與菩薩的慈悲結合運作。[7]

有些人或許會認為，菩薩對根本之自性是空性的眾生生起強烈的悲心是自相矛盾的，甚或是荒謬的。但實際上，證得空性後，便可以從許多方面支持與增強悲心的力量：（一）藉由看清自己與他人之間並無自性上的差異，修行者逐漸削減「獨占鼇頭」的自我珍愛感。他不再相信「在這裡」有個獨立存在的「我」，並且為了達到保護與滿足「我」的目的，而無視於或甚至犧牲「在那裡」的所有其他有自性者。（二）此外，藉由看清他與一切眾生共有空性的本性，修行者增強他與其他眾生息息相關的深刻感受，這對他生起慈心與悲心是非常重要的。（三）為了鼓舞是自己為了利益一切眾生而成佛，並且觀擇成佛狀態迥異於自己目前的情況，修行者必須生起強大的信念，相信轉變為一個正等正覺的佛陀是有可能的。這個信念源自這樣的理解：他目前幫助其他眾生的有限能力，並非他的自性。他的本性是清淨的空性，為轉變開啟無盡的可能性。（四）當菩薩修學如「布施」等以悲心為動機的修行法門時，他的善行會因為結合菩薩的智慧而得到淨化，並且符合「波羅蜜多」（perfections，度）的標準；而這種智慧即是理解布施者、布施物、受施者與布施行為本身皆無任何自性。

# 智慧的力量

在立願要為一切有情眾生帶來安樂之後，菩薩最初透過修學六波羅蜜多（六度），以證得佛陀所擁有利他的巨大力量。六波羅蜜多分別是：

**（一）布施；**
**（二）持戒；**
**（三）安忍；**
**（四）精進；**
**（五）靜慮（meditative stabilization，即「禪那」或「禪定」）；**
**（六）般若（智慧）。**

首先，菩薩個別培養六波羅蜜多，接著以「一一度中攝六六度」（每個波羅蜜多都充滿其他五個波羅蜜多的潛在力量，並互為支持）的方式去修持。「布施」是樂於與他人分享物資（財施）、保護他人（無畏施）與教導他們佛法（法施）的意欲。「持戒」是放下傷害他人的念頭與習性。「安忍」是不在意別人對自己所造成的傷害，而能勇敢地接受所承受的痛苦，以及對佛法保持一種忠實的信念。「精進」是熱忱與喜悅的能量，使我們能夠堅定地從事善行。

「靜慮」（禪定）是一種善心，它專注於禪修的所緣境（對境），而不散動到其他事物之上。[8]這種強而有力、穩定的心是一種妙善的工具——一種多用途的「內在技巧」（inner technology）。

「智慧」具有一系列多種的意義，它常常特指一種能強力地觀擇勝義真實（ultimate reality，即事物在究竟觀察下的存在方式）的心。[9]這種最特殊的智慧——通達空性的心，即是本書的主題。這種心了解事物就意義上而言是「空」的，於自身中並無任何存在，它們唯有依仗彼此，才得以存在。

然而，就更廣泛的意義而言，智慧是指觀擇與觀察的理解，它能夠釐清「什麼是什麼」（what is what）——如實地看清事物。宗喀巴教導我們，對修行之道而言，這種觀察慧（discerning wisdom）必不可少。去深思擁有這種智慧的利益，以及缺少這種智慧的過患，便是開始生起智慧或任何善德的方法。[10]不論你從事什麼，困難都會生起，因此重要的是，我們要仔細地思量自己試圖達成的目標，然後準備就緒。當心中非常清楚地確立渴望達成此目標的理由時，我們就已經穿上抵禦氣餒的盔甲了。

事實上，釐清什麼是擁有智慧的好處與缺乏智慧的壞處，這種觀擇的理解就已經是一種智慧。智慧猶如心靈的視覺，能引領我們向善。它在六波羅蜜多當中扮演著引導的角色，有如意識之於五根（five senses）[11]所扮演的角色，它是能夠讓菩薩決定何者當為或不當為的智慧。[12]

舉例來說，讓我們思量第一波羅蜜多「布施」。某人才剛剛開始修持布施，在這個情況之中，正是智慧讓人能了解布施的優點與慳吝的過患。到了後來，對進階的菩薩而言，這是現觀空性（勝義真實）的無二智（nondualistic wisdom）[13]，讓他們能夠修持更徹底、更強而有力的另一種布施，例如把自己的身肉布施給需要的人（但若沒有無二智，這種布施就極不可取）。

若無這種清楚明辨的智慧，我們就會非常容易地接受事物的表象。這是一個深層的過失，它會引起無數不必要的痛苦。一個飢腸轆轆的披薩熱愛者可能會把披薩看成一種具有天然營養、從內散發光熱的東西，在未真正自覺地去思考這個情況時，他接受這個顯現，並且把披薩本身當作快樂的本源。但是不久之後，他可能就會有一張被披薩燙傷的嘴巴，以及一些腸胃要清理的垃圾。

讓我們再舉另一個例子。假設在銀行大排長龍的隊伍中，有個人插隊到我前面，我可能會認定他很壞，應該受到嚴厲的指責或面對更慘的情況。我可能也會認為他是個天生的壞胚子，他的行為是其惡劣本性的一種表現。即使我克制住自己的言行，但內心卻激動地義憤填膺。雖然我太善良而不會大打出手，但我可能覺得他活該被揍。在那時，他在我心中顯現的是：此人本性惡劣，而且在客觀上理應被痛揍一頓。我的怒氣與正義感是奠基在一個未經檢視的假設之上，這假設就是那個人故意要傷害我，而且毫無插隊在我前面的正當理由。

但要是我錯了呢？或許我應該加以探究，能禮貌地詢問，而非情緒激動。即使這個插隊的仁兄確實是故意的，或許那是一時的心理困擾所引起的脫序行為。為什麼我們難以區分「對我無禮相向的人」與「某個人是我的敵人，因為他在根本上、本質上就是那個一直在那裡傷害我的人」？「智慧」教導我們，我們真正的敵人從來不是其他的有情眾生，而是無明與它的爪牙，後者包括貪婪、仇恨、瞋怒、驕慢與嫉妒。

事物常常在我們的心中顯現，彷彿它們一直是獨立且不變的，但事實上，它們依仗各種條件（緣），而且時時刻刻不斷地在改變。當所依仗的緣改變時，它們就會腐朽、毀壞與壞滅。如果我們未停下來去探究，就會傾向於接受事物在表面上的顯現，我們的驕慢、瞋恨與貪欲便會對這些「錯亂顯現」（false appearance，亂相）[14]火上加油，而這些顯現生起的方式同時也會使驕慢、瞋恨與貪欲之火燃燒得更加旺盛。例如，相信自己的敵人生性邪惡，而朋友則生性善良，正如同他們顯現在我們心中的樣子，於是我們向敵人開戰，並且百分之百地確定自己的暴行是合乎道德、正當合理、偉大崇高的，或甚至是神聖的。

不具智慧也會從其他方面為我們帶來問題。由於無法仔細觀察，我們傾向把許多事物都視為是絕對矛盾與相互排斥的，但事實上，它們只是表面不一致，或鮮少同時出現。宗喀巴教導我們，「擇法」（觀察思擇諸法）是智慧最重要的面向之一，這個主題貫穿整部《廣論》。例如，我們或許認為「猛利慈心」與「無貪」兩者互相牴觸，但在智慧的引導之下，菩薩可以對一切有情眾生生起非常強烈的慈愛，卻毫無貪著。[15]或者我們會覺得，當對眾多有情眾生所承受的難忍痛苦變得易感時，會無可避免地感到挫折、沮喪，但是對受到智慧引導的菩薩而言，情況卻非如此，菩薩可以具足無量喜樂，而無任何憂惱或心散動的情況，[16]其中正是智慧讓這種平衡之力變成可能。

在佛教經典中，也有許多段落看似相互矛盾。例如，大乘佛經所教導的誓戒與佛教密續典籍所談的誓戒之間，就有若干差異。若無智慧之光引導我們去了解這些段落的密意，便會很容易地墮入無止盡的困惑之中，而不知道如何繼續。[17]

在「勝義真實」與「名言有」（conventional existence，世俗存在）這個特別重要的例子當中，我們會發現，唯有明晰的智慧才能觀擇兩者並不相違。[18]許多佛教徒與非佛教徒都獲得一個結論：「甚深空性」（profound emptiness）與「名言有」兩者是相違的。因為就「甚深空性」而言，他們認為一切事物無如微塵般的自性；但在「名言有」之中，特定的「果」依仗個別的因與緣而生起。一旦你採納這個錯誤的結論，就會面對幾個有限的選擇：你可以在相信空性的同時，把以名言存在的人、辨別是非對錯等事物視為「優雅的虛構事物」（polite fiction）。或者，你可以相信事物的真實正如它們所顯現的那般，並捨棄佛教的甚深智慧。或者，你也可以捨棄所有的正理，並堅持空性與世俗的因果關係兩者都是「量」（valid）[19]，即便兩者完全相互牴觸。敏銳、安忍、觀擇的智慧將會看清所有這些選擇都是拙劣且不必要的。[20]在《廣論》當中，宗喀巴著手證明這一點，並詳細地提出替代的選擇。

## 如何變得明智？

所有美好的特質都來自智慧，[21]因此，我們應該竭盡所能地生起、增長智慧。[22]與智慧的明晰對立的是愚痴，而愚痴來自諸如此類的情況：結交惡友；怠惰；無好奇心；厭惡觀察；認為自己已經了知事物而不必去研讀或分析；受到邪見的影響；以及「我不能」（像我這樣的人絕對無法了解）的想法。[23]

竭盡所能地研讀（聞）佛法，是生起智慧不可或缺的關鍵。根據宗喀巴的說法，廣泛研讀佛教經典及其論釋是「聖道最勝命根」[24]。藉由思惟（思）所學，你內化教法，把佛法帶入心中。這些並非由上師口耳傳承的某個不同教導的教法，正是你日後修習（修）所要採用的內容。[25]因此，雖然有些佛教徒區分大學者（discursive，分別）與大修行者（nondiscursive，無分別），並且認為廣泛研讀是前者的事，[26]但宗喀巴卻指出，正是那些要開始認真修習的人，才最需要謹慎地研讀這些教法，以免落入修習的歧途。如果我們相信，認真修行可以置研讀與觀擇的觀察於不顧，這就是心靈的毒藥。[27]我們怎麼能夠去修持或修習自己從未費心去理解的事物？[28]

正確地修持佛法，就是掌握佛法的最佳方式。為了正確地修持佛法，我們必須研讀經典，進而理解佛陀的教導。聽聞教法，並且把它視為個人修行的教誡。在我們開始研讀佛教典籍時，它們的廣度、複雜性與內在的差異，有時可能會讓人卻步，但我們應該運用自己所有的觀察力全力以赴。請記住，研讀與修行並非兩回事，你的修習必須是自己先前已經研讀、仔細思考過的內容。當你理解某件事物並作意思惟時，它就能夠作為利於甚深修習的焦點。[29]

# 一切善法的來源

佛教典籍教導，世間與出世間的一切美善，都源於「寂止」（serenity；梵shamatha。音譯為「奢摩他」）與「勝觀」（insight；梵vipashyana。音譯為「毘缽舍那」）。[30]如我們將會看到的，寂止與勝觀是修行者經過長期修學之後，才能生起的修習特質；它們是第五波羅蜜多「靜慮」與第六波羅蜜多「般若」充分生起的型態。這會產生一個問題：所有的善德要如何從大多數佛教徒尚未證得的事物（寂止與勝觀）中生起？宗喀巴解釋，我們不應該以如此狹隘的觀點來解讀這些段落。在此，「寂止」廣泛地包括所有專注於善所緣境的一境心，而「勝觀」則泛指觀擇法義的注意力。因此，這些教法意味著，不論我們考量到自己、諸佛或其間的任何人，在每個地方的所有善行，都可以追溯到「由其不散亂心，正思法義」的心理修行。[31]

雖然佛教教法包含為數眾多的不同修習技巧，但它們都可以被歸類在「寂止」與「勝觀」兩個範疇之中：（一）能夠增強我們的專注力，使心穩定而不散亂的修習，這種修習在圓滿寂止（真實止）時達到頂點；（二）運用、生起觀擇與觀察所緣境特質之力的修習，這種修習在勝觀時（真實觀）達到頂點。[32]唯有透過寂止、勝觀之力充分平衡發展的修行，我們才能獲得佛教修持的完整利益。只有單獨的「觀察修」（analytical meditation）或「安止修」（stabilizing meditation），都是不夠的。[33]

這是源於我們的問題，內心的煩惱是以現行（active）與潛伏（latent）兩種形式存在。我們經常因為突如其來的貪婪、仇恨、嫉妒、恐懼、瞋恨、驕慢與愚痴而飽受折磨。[34]然而，即使它們並未以如此強烈的方式展現或看似不存在，我們仍然深受其薰習。它們潛伏、隱藏，就如同深植於我們的心續之內的根。這些煩惱如同長在心表面的雜草，修習寂止能夠壓制以惱人、痛苦形式所展現的煩惱，這創造了一片空地，修習的智慧則可以在其上生起甚深的勝觀，穿透一層比一層細微的自我欺騙，最後甚至根除最細微的、潛伏的煩惱。[35]

**【注釋】** 本書注釋所引《廣論》內容皆出自法尊法師譯《菩提道次第廣論》（台北：大千出版社，民99）

(1) 本章的內容主要是依據由約書亞・克特勒（Joshua Cutler）與蓋・紐蘭（Guy Newland）所翻譯、編輯的《菩提道次第廣論》（*The Great Treatise on the Stages of the Path of Enlightenment*）第2冊。（譯按：此冊內容對應法尊法師的漢譯本卷8-13「上士道」的部分。）

(2) 這個例子的經典出處是來自《般若攝頌》（*The Condensed Perfection of Wisdom Sutra*），此部典籍教導：

有情聲稱見虛空，虛空豈見觀此義，佛說見法亦復然，見以他喻不能詮。

在一般的說法之中，有質礙之接觸（眼根對境色）的「無見」（nonseeing）稱為「見虛空」（seeing space）。與此類似的是，從勝義心在其安立的名言中尋找所緣境的觀點來看，「色之無見」（nonseeing of form）則稱為「見色之空性」（seeing the emptiness of form）。在這個注釋中，我所引用的經文是我翻譯的段落，它出現在蔣央・協巴（Jamyang Shayba）的著作《大中觀》（*Great Exposition of the Middle Way*）之中。

[3] 宗喀巴的五部重要著作是《菩提道次第廣論》、《菩提道次第略論》、《菩提道次第攝義》（或《道次第證道歌》）、《〈中論〉廣疏：正理海》與《辨了不了義善說藏論》。

[4] 增益執（reification）意指以無為有，即在補特伽羅與諸法之上虛構自性。

[5]《廣論》卷10：「《聖虛空庫經》云：『由慧智故，而能遍捨一切煩惱；由方便智故，而能不捨一切有情。』」（頁394）

[6] 補特伽羅（梵pudgala）即指「人」（person），是在五蘊任何一個蘊之上，透由心的力量去安立出來的「人」。它是輪迴的主體，也是「我」的異名。

[7]《廣論》卷10：「如《祕密不可思議經》云：『智慧資糧者，謂能斷除一切煩惱。福德資糧者，謂能長養一切有情。世尊！以是因緣，菩薩摩訶薩當勤修習福、智資糧。』」（頁394）

[8]《廣論》卷13：「住所緣境心不散亂，善心一境性。」（頁504）

[9]《廣論》卷13：「慧謂於所觀事能揀擇法。」（頁507）

[10]《廣論》卷13：「生慧方便，謂當思惟生慧功德及未生之過失。」（頁507）

[11]「五根」（five senses）是指眼、耳、鼻、舌、身等五種根門。

[12]《廣論》卷13：「慧如施等五度之眼者……由此能令施等五法成清淨故，猶如意識能於眼等五根之境，分別德失而為進止。」（頁507-508）

[13] 於任何法，只要執其諦實成立，即墮入常邊；執其名言上完全無，即墮入斷邊。實際上，諸法雖無諦實成立，但名言上有（存在），故相智能見諸法雖無諦實成立，但名言上有。既見諸法無諦實成立，故離常邊；既見諸法名言上有，故離斷邊，成為離二邊之無二智。

[14]「錯亂顯現」是指無自性而現似有自性，即所知障。《廣論》卷23：「謂從無始來著有自性。由彼耽著薰習內心，安立令成堅固習氣，由彼習氣增上力故，實無自性，錯亂顯現名所知障。」（頁792）

[15]《廣論》卷13：「譬如菩薩作轉輪王……如是生猛利慈心，見諸有情極可悅意，然無少分貪欲和雜染。」（頁509）

[16]《廣論》卷13：「見有情苦，雖生恆常猛利難忍大悲，然無懈怠、憂惱、蔽覆、不樂善行。又雖具足歡喜無量，心於所緣全無散動。」（頁509）

[17]《廣論》卷13：「謂大小乘及經咒中見有眾多開遮不同，若以一人雙修二事，尋求無邊經論密意時，諸愚無慧，雖覺相違，然諸智者實見無違，亦是慧之所作。」（頁510）

[18]《廣論》卷13：「然二諦建立及經論中互相開遮眾多不同，以慧分辨意趣無違，即是智慧無上功德。」（頁

510）

[19] 「量」（valid）即尺度、標準，可指正確認識的根據、認識的方法、認知的關係，又可指能認知者，須視文義脈絡而定。

[20] 《廣論》卷13：「《讚應讚》云：『不棄捨法性，亦隨順世俗。』謂諸相縛所執之事，雖微塵許亦不可得，於此法性獲大定解而不棄捨，然與世俗內外因緣各別生果，所獲定解無違隨順。」（頁509-510）

[21] 《廣論》卷13：「如龍猛菩薩云：『慧為見不見，一切功德本，為辨此二故，應當攝受慧。』」（頁507）

[22] 《廣論》卷13：「故應盡自一切力，於如是慧勤修習。」（頁511）

[23] 《廣論》卷13：「愚癡之因，謂近惡友，懈怠懈惰，極重睡眠，不樂觀擇，不解方廣，未知謂知，起增上慢、上品邪見，或生怯弱，念我不能，不樂親近諸有智者。」（頁511）

[24] 《廣論》卷13：「是故聖道最勝命根，謂擇法慧。」（頁512）

[25] 《廣論》卷13：「謂應親近智者，隨自力能而求多聞；……若有多聞，由思所聞法義，能生思慧，從此能生廣大修慧。」（頁512-513）

[26] 《廣論》卷13：「然此定解於未知修時，必須觀察修者極難生起，雖自許為受持三藏之法師，亦多認為修之前導，或僅為佐證，非實教授。」（頁513）

[27] 《廣論》卷13：「然諸欲修法者尚不能知聞為必須者，是由於修時不能定解，必須觀慧思擇而修，反顛倒解不須多聞過失所致，故自愛者，應棄此過猶如惡毒。」（頁512）

[28] 《廣論》卷13：「我等是學者故，縱未能看，應於此等而發願心，若不知法，云何能修？」（頁513）

[29] 《廣論》卷13：「又能無錯住持修證之聖教，必依無錯了解教法故，故先知多法者，修時即應修彼法義，不可忘失，若先未知亦勿怯退，當隨慧力而求多聞。復非聽聞此法別修他法，即所修處而求聞思，故又不應唯修一分，定應依止初業菩薩所修圓滿道之次第。」（頁514）

[30] 《廣論》卷13：「大小二乘世、出世間一切功德，皆止觀之果。」（頁526）

[31] 《廣論》卷6：「《修信大乘經》云：『善男子！由此異門說諸菩薩隨其所有信解大乘，大乘出生，當知一切皆是由其不散亂心，正思法義之所出生。』」（頁263）

[32] 《廣論》卷6：「故說引發三乘一切天德，皆須二事：一除善所緣心不餘散，專一而住真奢摩他或其隨順；二善觀察善所緣境，如所有性、盡所有性毘缽舍那或其隨順。」（頁263-264）

[33]《廣論》卷6：「此中若無真實止觀及隨順二，則三乘一切功德，非定皆是止觀之果。」（頁264）

[34]《廣論》列舉十種煩惱：貪、瞋、慢、無明、疑、壞聚見、邊見、見取見、戒禁取見、邪見。（參見頁283）

[35]《廣論》卷6：「破壞煩惱、伏其現行、盡斷種子，故有三學。」（頁317）

第二章

# 遵循智慧之道

(1)

為了修習空性，我們首先必須認清自己最根本的邪分別。藉由跟隨老師謹慎地修行，修行者能夠在自己的體驗中去尋找「我」的特殊感，而這種感覺是輪迴痛苦的最深根源。一旦修行者透過思惟，非常精確地定位出「我執」（「我」的概念）這個目標時，她會在修習中運用因明（邏輯）去觀察，探索「我」是否真能如它所顯現般地存在。當她運用正理去證明「我」不存在且不可能存在時，她就證得了空性。

## 概述

這種空性（一切事物的勝義真實）正見，是一種透過思惟的修習[2]與理智比量（inferential reasoning）[3]而獲致的甚深定解。它是一種轉變，確實地通達事物不像它們在我們內心所顯現般地存在。然而，這仍然是一個概念分別（conceptual），是一種二元分立的理解。但涅槃是對空性直接且非二元對立的「現前知」（preception）[4]，它是解脫勝觀的真實體證，為了把對空性那種強而有力卻又仍是概念分別的理解，提升至直接、非二元對立的體證，菩薩運用禪定（concentration meditation, meditative stabilization）之力。

「定」（concentration，三摩地）是指心專一地安住在其所緣境上，而毫無散亂的狀態。[5]當人專注於某個所緣境上時，主體與客體二元的對立感就會逐漸消失，那種「我在這裡，我的所緣境在那裡」的細微、周遍感受，會因為定力而愈來愈削弱。如我們所說的，修行者會徹底地安止於定的所緣境上，而失去所有的時間感與自我意識。菩薩藉由定力來增強自己對空性的觀察，而逐漸生起悟入空性的深觀。經由修習「勝觀」，在他們的空性體證中，概念分別與二元分立會變得愈來愈少。最後，他們能夠直接且無概念分別（nonconceptual）地通達空性，這就是涅槃，[6]是法藥之中真正的對治或「有效成分」（active ingredient）。專一、直接、非二元地證得空性，可以斷除部分的貪、瞋、痴（無明）；而在此之前，我們一直因為這些貪、瞋、痴而困在無盡的痛苦輪迴之中。在永斷所有無明的舊根之前，我們仍然需要在許多世之中一再地證得空性。在這個修學期間，菩薩交替地修習空性與在世間的悲行，即使在完全脫離輪迴之後，她仍然必須長期修行，以克服二元顯現的「殘餘物」（hangover，即「所知障」[7]）——這是長久無明所造就的後果。最終，清除了這些最後的障礙，菩薩因而成佛。菩薩成佛後，持續地現觀空性，同時也在補特伽羅與色法（form，物質現象）的世界從事利他的大悲之行。

## 智慧是佛道的獨特力量

佛道常常被歸納為戒學、定學與慧學等「三學」（三種修學）。戒學包含遏止暴力的行為、辱罵的言語、害人之心等的修行，它也可以擴展為生起慈悲與強烈利他動機的修行。

定學是有系統地讓心平靜與專注，直到它能夠完全明晰、持續地專注於其所轉向的任何所緣境為止。禪定是強而有力、充滿喜樂的心，[8]據說其中某些能夠讓修行者施展神通。

對佛道而言，雖然戒學與定學是至關重要的，但許多外道的傳統也一如佛教，擁有類似的重要修行與修行典範。也就是說，許多宗教教導信徒要和善、仁慈、體貼、具同理心，甚至要有慈心。某些宗教也如佛教般，教導我們應該去愛那些傷害我們的人，甚至為他們謀求安樂。

同樣地，許多外道傳統也有使心平靜、專注的修行。悉達多王子的傳統生平故事告訴我們，在發現中道而證悟之前，他精通鬱陀迦（Udraka）與阿羅邏迦摩羅（Arada Kalama）等外道老師們所教導的種種禪定技巧。當人進入深定狀態時，他在那段期間可以擺脫一般的、世間的煩惱。但是，就如同到海灘度假一般，禪修終究要結束，他仍得回到現實世界，再度面對相同的問題。而他也未必會更有智慧、更能善巧地處理事務或幫助他人。[9]

由於這個苦難的世界並無獨立、客觀的真實（reality），而只是一個空洞的名言而已，因此我們可能會假設，在禪修狀態中停止世俗名言的念頭是最能夠令人解脫的方法。根據宗喀巴的描述，中國佛教大師摩訶衍和尚（Ha-shang Mahayana）[10]認為任何種類的概念分別（conceptualization），都是扭曲的增益執。在整部《廣論》之中，摩訶衍都發揮一個傳統角色的功能，代表以下的觀點：我們應該捨棄所有的念頭，並以不作意修習真實。[11]

宗喀巴苦口婆心地一再主張，住於無念（thoughtlessness）的禪修永遠不會使我們更接近解脫。[12]經由謹慎觀察所產生的理解，正是佛道之所以獨特的核心，這就是慧學。其他宗教與佛教同樣擁有甚深的戒律和進入驚人無概念分別狀態的諸多技巧，但佛教聲稱，對「世間究竟如何存在」進行深入的且有思惟（thoughtful）的觀察，才是其獨特之處。唯有從事這種觀察，徹底地思惟並作意，我們才開始為真正解脫無謂痛苦創造根基。

因此，儘管做一個善良、仁慈的人真的很好，而學習如何使心專注也很重要，但這不足以讓我們觸及輪迴痛苦的根源。善法與平靜的心讓我們變得仁慈而堅強，但我們是否朝著解脫邁進，則取決於自己如何運用這個力量。為了尋求解脫，我們必定要修習觀擇空性、最終能現證空性（真實的勝義自性〔ultimate nature〕）的「觀」。為了擁有這種修習的「觀」，我們首先必須運用正理與觀察，去理解、通達真實的自性。換句話說，在我們希望能夠獲得甚深且非二元的覺悟之前，必須先運用邏輯思考，藉以對真實的自性達到一種不可動搖的心的定解。

但我們如何能生起這種定解？它是從研讀經典，並深思其義作為開始。

## 我們應該研讀什麼經典？

宗喀巴要我們去分辨不了義經與了義經之間的差別。在尋求正確宗見的過程中，我們首先必須仔細地研讀了義經。為了好好地理解這些經典，我需要仰賴正確、具權威性的論釋，[13]接著要把它們所要傳達的訊息帶入心中，然後這個理解才可以作為我們禪修的基礎。

什麼是了義經？《無盡慧經》（*Teachings of Akshayamati Sutra*）解釋，了義經是那些教導空性（勝義真實）的經典。空性是最深刻觀察的極致，因此，對於這些教導空性的經典，我們不能以在表層底下有暗示著某種更深入或隱藏意義的觀點，來理解或詮釋它們。[14]在成佛之道上，教導諸如有情眾生、悲心、戒律等世俗諦（相對真理）的經典也非常重要，但它們是不了義的，因為它們的焦點並非放在所討論事物的勝義自性上，因為諸法的勝義自性即是空性。

由此，我們應該可以清楚知道，一部經典是否為了義經，並非奠基在如何依照字義去閱讀它。以非常清晰、毫不模糊的方式談論世俗法的那些經典，即是不了義的，因為它們所談論的主題不是勝義真實。相反地，討論空性的經典則是了義的，即使其中有某些從文義脈絡中抽離的特定段落，需要以超越字義的方式來閱讀才能被人所接受，它仍然是了義的。[15]例如，佛經說：「無補特伽羅」，我們應該可以很容易地從文義脈絡中了解，這句話是指「補特伽羅無勝義有（ultimate existence）[16]」，亦即他們是空無自性或「自我存在」的。補特伽羅之所以不存在，那是因為他們存在於名言義（conventional sense）之中，正如我們以適當的名稱（例如「補特伽羅」）來指稱不斷變化的身心組合體（五蘊）一樣。起初，我們可能會覺得這是一種最微小的存在，但它卻是任何事物所僅有的一種存在，唯有這樣的存在才是可能的。或許這與我們所預期的相反，但它卻十分健全，足以讓每件事物運作，發揮各自的功能。

在「般若波羅蜜多經」等這類了義經中，佛陀教導一切皆空，意指一切事物皆無自性。宗喀巴解釋，我們應該仰賴龍樹（Nagarjuna）及其心子聖天（Aryadeva，聖提婆）所撰寫的論釋，來理解這些教法。[17]

龍樹的著作是佛教中觀哲學傳統的濫觴。宗喀巴接受兩種正統的觀點，而把後期的中觀師區分為兩個較小的學派。第一個觀點在於，我們可以依據它們是否承認外境（物質世界）的存在來加以區分，也就是說，這個外境是一個自體（entity），它異於能執取外境的心。清辨（Bhavaviveka）正是承認外境存在的中觀師的代表，他尖銳地批判那些教導一切事物與心是同一自體的佛教論師。相反地，寂護（Shantarakshita，靜命）的中觀理論則教導沒有外境，即使在名言之中也是如此。[18]

宗喀巴將中觀師分為兩個較小學派的第二個觀點，是根據他們如何使用正理來理解空性而命名。以清辨為代表的自續派（Svatantrika）堅持只用「自續三支論式」（autonomous syllogism；梵svatantra。或「自立論證」）來駁斥邪見（錯誤的見解）。這些是依據公認為標準的佛教邏輯傳統，來證成某個論題在方式上是正確的正規論證。另一方面，代表應成派（Prasangika）的佛護（Buddhapalita）與月稱（Chandrakirti）等，則從容地使用「應成論式」（consequence；梵prasanga）——歸謬論證（reductio ad absurdum argument）——來抨擊邪見。這意味著他們運用無須暗示任何選擇之正確立場的論證，藉以引出論敵邪見中的內在矛盾。

正如我們將在第八章〈兩種中觀〉中看到的，宗喀巴詳細論證，清辨堅持使用「自續三支論式」這點，〔與應成派〕不僅是邏輯方法上的一個差異，也證明他在空性見上的基本差異或缺失。因此，宗喀巴主張，當我們開始去理解「般若波羅蜜多經」這類經典與其他的了義經時，我們應該依賴龍樹與聖天等根本中觀師，以及佛護、月稱、寂天等應成派傳承論釋者〔的著作〕。

## 「道」要根除的是什麼？

我們之所以遭受極大且無謂的痛苦，那是因為我們對「世界如何存在」產生無明的邪分別而受到折磨。我們傾向把自己與周遭事物視為堅實的、恆常的、自在（autonomous）[19]的、分離與實體的，但事實上，事物是逐漸壞滅的、合成的、依他的且持續變動的。因此，解脫之道即是藉由破除無明增益的自性、自體或「我」，以斷除無明的道路。

因此，我們可以談論兩種「所破境」（object of negation）。「道所破境」（為「道」所遮破的對象）即無明，也就是當我們獲得智慧時便會捨棄的顛倒心（wrong consciousness）。它們為「道」所遮破，是指當我們在「道」上有所進展時，它們會被捨斷。[20]「理所破境」（為「正理」所遮破的對象）即顛倒心所虛構的增益自性或自體，但它們實際上根本不存在。正理透過遮破它們，顯示它們完全不存在，而來否定它們，因而證成認為事物具有自性的概念分別，事實上是一種「顛倒」（wrong）心。[21]

在《廣論》中，宗喀巴用極大的篇幅澄清一個問題：「到底什麼是『理所破境』？」當我們運用正理去證成自體或「我」不存在時，要遮破的究竟是什麼？（從下一章開始，尤其在第七章〈自性〉，我們將作進一步的討論。）然而，在鑽研「理所破境」之前，宗喀巴先討論「道所破境」。他依此方式清楚地指出，之後在邏輯正理之中的運用與練習，並非只是學術上的文字遊戲，而是解脫道上的重要修行。

為了尋得真正的快樂與解脫，我們必須捨斷的究竟是什麼？根據月稱、宗喀巴（英譯本《廣論》第3冊，頁206）的解釋，佛陀針對瞋恨、貪著、驕慢等所教導的對治法，只能有效地對抗那些特定的煩惱。另一方面，無明的對治解藥，則能治癒一切煩惱。[22]

這顯示無明是一切過患與煩惱的基礎，是我們所有問題的根源。在這個文義脈絡之中，「無明」特指顛倒地增益自性的心，它是顛倒地執取人與事物是以自相（essential character）而存在的一種心。[23]宗喀巴（英譯本《廣論》第3冊，頁206）引用月稱的話：

**若「識」增益諸法自性，為染污無知所影響而貪著諸法，這就是流轉生死輪迴的種子，若能完全滅除這些種子，便能滅除生死輪迴。……看見「境」無自性，便能完全滅除引生貪著的輪迴種子識。**[24]

宗喀巴也解釋，所有痛苦根源的特種無明或顛倒心，即稱為「壞聚見」（view of the perishing aggregates）。這個特殊用語需要一些解釋。「聚」（aggregate）是指色、受、想、行、識等身心五蘊；它們之所以「正在壞滅」（perishing），是因為它們都稍縱即逝，持續地變化，剎那地壞滅，其中沒有什麼是經久的、持續的。[25]「壞聚見」是指認為這些變動不居的身心元素（element）[26]是有自性之補特伽羅的見解，這是個邪分別，即認為我擁有一個有自性的、依其自力存在的「補特伽羅我」（personal self）。換句話說，這個邪分別即是：我是一個藉由自性的善法，而以自性、於自身之中存在的補特伽羅。[27]

佛教典籍常常提及兩種「無我」（selflessness）——「補特伽羅無我」（selflessness of persons，人無我）與「法無我」（selflessness of phenomena）。「無我」即是空性——無「自性有」（essentially existent，以自性存在）的自性。在此，「我」是指我們不自

覺地、錯誤地增益的「自性有」之自性或自體，我們在補特伽羅及其他諸法之上增益「我」或自性。「壞聚見」是一種關於「我」或補特伽羅自性的特定概念分別，尤其是指將自身視為「有自性」的邪分別。因此，破除「壞聚見」的心，將會是證得「補特伽羅無我」之智的例子。[28]

## 法無我

某些大乘佛教學派[29]教導「補特伽羅無我」是一種粗品的空性，「法無我」則是甚深的空性。然而，在應成中觀派中，這兩種「無我」是同樣深奧的。唯一的問題在於，我們把哪一個指示對象（補特伽羅或非補特伽羅）了證為「空」。

宗喀巴解釋，若證得有關補特伽羅的甚深空性，在邏輯上必然能毫無困難地證得與任何其他諸法有關的相同空性，其中包括補特伽羅的身心部分。[30]他引用龍樹的說法：「假如『我』不存在，那麼屬於『我』的東西怎麼能夠存在？」[31]他引用月稱的說法：「當馬車被燒毀時，它的零件也會被燒毀，因而無法被觀察到。同樣地，當修行者了知『我』不存在時，他們也將知道屬於『我』的諸蘊，也是無有『我』的。」[32]

這並不表示當人證得「補特伽羅無我」的剎那，也證得「法無我」。宗喀巴以一個完全不存在的事物作為比喻，他指出，當思惟「石女兒」（不孕婦女所生的兒子）不存在時，你不會同時想到「他（石女之兒）的耳朵不存在」。但因為你知道石女之兒不存在，因此一旦出現〈石女之兒是否有耳朵〉這個問題，你就能立即了解到他的耳朵不存在。[33]同樣地，宗喀巴主張，一旦我們真正證得「補特伽羅無我」，那麼在思量「法無我」時，我們必定有能力立即通達「法無我」。

一般而言，在小乘佛教或大乘佛教之中，當人修習「什麼是補特伽羅」時，他無法在補特伽羅的基礎上找到一個「自性我」（essential self）。更確切地說，從事高度專注思惟的修行者，會注意到由持續變化的內心經驗剎那所構成的續流；他們也注意到，這個經驗的續流是依仗色身的支持。在日常的經驗中，我們所遇到的補特伽羅與大多數事物都是聚合而成的，它們都可被分解為更基本的剎那與元素，所有這一切都以遠快於我們能夠注意到的速度持續改變。小乘教法似乎並未明確地挑戰基本物質元素與從中得出的剎那經驗的真實，因此，他們會說補特伽羅（與其他每件事物）是假有的。某些小乘教法明確地承認，在我們命名為「補特伽羅」或「我的身體」的聚合體背後，有著非常細微的、根本的且無法再分割的元素。[34]繼龍樹之後，宗喀巴教導一切法（即每個存在的事物，包括不論多微小的微塵）都是空無自體或自性真實，一切事物存在，且必定是相互依存的。因此，沒有任何事物擁有自己的存在——自己的存在方式。小乘佛教學派教導其所謂的「補特伽羅無我」，但對於構成「補特伽羅」的基礎——無法再分割的元素或身心諸蘊，他們仍堅執為「自性真實」。他們並未完全真正地洞悉甚深空性，從中觀的觀點來看，他們是尚未理解佛陀所教導之甚深空性的「實事師」（essentialist，實有論者）。

## 【注釋】

(1) 本章的內容主要是依據英譯本《廣論》第3冊，第7、9章。（譯按：本章內容對應漢譯本卷17。）

[2]《廣論》卷14：「復即於此能思惟心內心相續作意思惟，如是正行多安住故，起身輕安及心輕安，是名奢摩他。」（頁529）

[3]「比量」是指非靠感官直接獲得知識，而是借著名言概念構成命題，組成論式來進行推理。這種推理需要以三支論式來進行。

[4]「現前知」（preception）是指已離分別且不錯亂的認知。

[5]《廣論》卷14：「然以善緣心一境性諸三摩地，悉皆攝為奢摩他品」（頁527）

[6]《廣論》卷10：「《梵問經》云：『盡其所有一切觀擇皆是分別，無分別者即是菩提。』」（頁400）

[7]「所知障」是指有礙行者成就「一切種智佛果」的障礙，相對於「所知障」的就是「煩惱障」。

[8]《廣論》卷14：「住而不散亂，故心於境能任運住，若時生起身心輕安所有喜樂，此三摩地即奢摩他。」（頁529）「喜樂」即指身輕安與心輕安。

[9]《廣論》卷14：「《三摩地王經》云：『雖善修正定，不能破我想，後為煩惱亂，如外道修定。』」（頁535）

[10]摩訶衍和尚（Ha-shang Mahayana）是唐代入藏傳法的禪僧，高唱直指人心，頓悟成佛之說，一時藏地僧人風靡相從。後蓮華戒入藏傳教，其中觀、因明教規迥異於摩訶衍禪風，雙方徒眾遂興爭論。藏王召雙方辯論，蓮華戒陳詞破難，摩訶衍無言以對，遂回漢土。史稱「拉薩論爭」。

[11]《廣論》卷14：「因彼妄計一切分別皆執實相，要棄觀慧全不作意，乃為修習甚深法義。」（頁529）「不作意」意指心無所念。

[12]《廣論》卷14：「故說一切明了安樂無分別定，皆證真性全無確證。」（頁532）

[13]《廣論》卷17：「聖龍猛遍揚三處，應依彼論而求通達空性見解。」（頁617）此處所說準確、具權威性的論釋即是指龍樹的論著。

[14]《廣論》卷17：「謂由此義不能更於餘引轉，故名為了義或義定了，此義即是真實性義，過此已去不可引轉，所抉擇事到究竟故。」（頁619）

[15]《廣論》卷17：「故經或論，若不就其前後所說總體之理，唯由其中少分語句，不可如言而取義者，應知不壞為了義經。」（頁620）

[16]「勝義有」是指外境自體本已存在，不待現於內心而後始有者。又作諦實有、實有、自相有。

[17]《廣論》卷17：「般若經等宣說諸法，皆無自性、無生滅等，其能無倒解釋經者厥為龍猛。解彼意趣有何次第？答：佛護、清辨、月稱、靜命等大中觀師，皆依聖天為量，等同龍猛。」（頁620-621）

[18]《廣論》卷17：「智軍論師云：『聖父子所造中觀中，未明外境有無之理，其後清辨論師破唯識宗，名言中建立許外境之宗。次靜命論師依瑜伽行教，於名言中說無外境，於勝義中說心無性，別立中觀之理。故出二種中觀論師，前者名為經部行中觀師，後者名為瑜伽行中觀師。』」（頁622）

[19]「自在」是指某一種境的性質是具有特殊的本性或存在形式，而這種性質就稱之為「自體」或「自性」。

[20]《廣論》卷20：「為煩惱及所知二障，此所破事於所知有，此若無者，應一切有情不加功用而得解脫故。」（頁692）「道所破境」所指的即是煩惱障與所知障。

[21]《廣論》卷20：「此說邪執為所破事及彼所執實有自性亦為所破，故有二種，然正所破厥為後者，以破顛倒心須先破彼所執境故。」（頁693）

[22]《廣論》卷20：「經說貪等諸餘對治，是一分之對治，說無明對治是一切之對治。」（頁694）

[23]「自相」是指由各自特性表明其存在的實有事物，即不由內心思惟假名安立，而是由外境本身實際存在者。《廣論》卷二十：「何者為痴？謂執內外諸法由自相生，增益自性之心，此為無明。」（頁695）

[24]《廣論》卷20：「若識增益諸法自性，由彼染汙無知增上貪著諸法，是為流轉生死種子，於一切種永滅除故，即便安立生死還滅。……此顯由見境無自性，於一切種破除貪因三有種識。」（頁695）

[25]《廣論》卷6：「壞聚見者，謂緣取蘊，計我、我所，染慧為性。我、我所見，其中壞是無常，聚是眾多，為欲顯此見之事，唯是無常，非一之法，全無常一補特伽羅，故為立名曰壞聚見。」（頁283）

[26]「元素」即指地、水、火、風等四大元素。古印度六師外道之一的順世外道（梵Lokayata，Lokayatika）主張隨順世俗的唯物享樂主義，認為身心是地、水、火、風等四大元素所合成。

[27]《廣論》卷20：「《四百論釋》云：『若法自性、自體、自在、不仗他性。』」（頁700）

[28]《廣論》卷20：「《入中論釋》云：『薩迦耶見執我、我所行相轉』謂非但執有自相，須執為我。《入中論釋》云：『唯薩迦耶見是所應斷，此由悟入無我之我，即能斷除。』」（頁703-704）

[29] 「大乘佛教學派」即指唯識宗與中觀自續派。

[30] 《廣論》卷17：「謂正通達補特伽羅無自性慧，雖不即執蘊無自性，然即由此慧不待餘緣能引定智，決定諸蘊皆無自性。……故說通達補特伽羅無自性時，亦能通達蘊無自性。」（頁626）

[31] 《廣論》卷17：「如《佛護論》（譯按：即《中觀根本論佛護疏》）云：『屬我所有名曰我所，若我且無，由無我故，何能更云此是我之所有？』」（頁626）。《中論》十八品：「若我且非有，豈能有我所。」

[32] 《廣論》卷17：「猶如燒車，其車支分亦為燒毀，全無所得。如是諸觀行師，若時通達無我，爾時亦能通達蘊事我所皆無有我。」（頁625-626）

[33] 《廣論》卷17：「譬如定知無石女兒，雖不即由此慧，執云無彼耳等，然能斷除計有耳等增益妄執。故若定知無真實我，則能滅除執彼眼等真實有故。」（頁626-627）

[34] 即指「極微」，是色法之最極微細粒子。詳參第七章。

第二章

# 我們的選擇至關重大(1)

假如我們試圖跟隨摩訶衍和尚的路子，只想把心從與增益自性之習性糾結在一起的分別（thought）中抽離出來，我們將會發現自己已經走入了歧途。我們增益自性的傾向太過強烈，而且根深柢固，在沒有直接攻擊的情況下，它們無法被根除。為了停止這些傾向，我們必須先認清它們，把它們帶上枱面，然後使用正理仔細地加以審察。

## 我們期待什麼？

讓我們想想一個比喻。有一天，我進入教室，為了開始教課，我坐在教室前方的桌子上。突然之間，桌子垮成一堆碎片。我的學生們認為這件事情很有趣，但我對此感到驚訝，因為我每星期坐在這張桌子上好幾個小時，從未發生過任何問題。當然，我肯定從未有意識地去思考或相信「有一張恆常的桌子，我可以永遠依靠它。」另一方面，它看起來真的非常堅固，我從未注意到它正在改變——它每天看起來都一樣，我不自覺地、深深地信賴這個顯現。在某種程度上，我確實以一種未經檢視的方式，期待這張桌子能一如既往般地持續存在。

當然，這也適用在人們身上。當我們常常看到一位朋友時，不會注意到她是如何在改變。我們未經觀察地接受這個情況，暗自期待她將一如既往般地持續存在。我們每天看到她，而她總是活著、呼吸著。由於我們極為適應這個情況，因此當她驟逝時，我們感到震驚，並覺得哪裡不對勁。我們很難接受她的死訊，因為這跟我們對「事物如何存在」（how things are）的看法相互牴觸，這是因為我們對她仍然持有一個栩栩如生的內在影像——她仍然健在的影像。

如同宗喀巴在《廣論》（英譯本第1冊，頁145-150）當中提醒我們的，我們對於自己的感受也是如此。雖然我們嘴巴上承認自己將會死亡，但鮮少人活在我們必然會死的覺知之中。在我們面對威脅生命的創傷之前，死亡是一個抽象的概念，而非一個存在的真實。在我們未經深思的日常經驗中，死亡的真實被封隱起來。

在佛教中，幸福安樂有賴於看見真實。我們唯有面對真諦，如實地了知事物，才能解脫。執著於錯亂的期待，為我們帶來巨大且無謂的痛苦。為了通達無常與必然會死的真實，為了依照那個真實來過活，我們首先必須認知問題所在。儘管我們在智識上承認無常性，但我們卻經常表現出自己、親友與財物好像都從不改變的樣子。

因此，我們必須把這種扭曲的期待帶上枱面，必須認知自己不自覺地期待事物將如它們現在所顯現地那般持續下去，而事實上，這種期待一直強烈影響著我們的行為。在修習當中，我們可以透過至極的明晰向自己證明這種期待是錯亂的，因為它與事物的真正存在方式不符。我們可以訓練自己的心，接納無常與必然會死的真諦。

## 掌握目標

這個比喻雖然跟無常有關，但是當我們開始證得空性時，它就是如此。我們著迷於自性，著迷於自己是以某種本具之力量而存在的想法。由於這個習性為自己與周遭的人帶來巨大且無謂的痛苦，因此，我們必須開始真正地看見自己的確有這個問題，必須認清這個邪分別才是我們觀察的目標。

由於我們執著於一個特定種類的「我」的幻象，因此而一再地受苦。我們因為相信那種「我」而受困。看清這種「我」並不存在，我們將獲得解脫。為了尋求心靈的解脫，我們必須非常精確地找到那種「實我」的感覺，這種感覺正是我們痛苦的根源。對此，宗喀巴寫得非常清楚：

**為了確定某個補特伽羅不存在，你必須先認識這個不存在的補特伽羅。同樣地，為了確定「無我」或「無自性」的意義，你必須謹慎地認清這個不存在的「我」或自性。**[2]

換句話說，破除「我」或「自性」的第一個重要步驟在於正確地認清我們論證的對象。「正理」是一個力量強大的工具，如果我們錯認目標，即使只是稍微錯認，我們可能會遮破過度[3]或遮破得太少[4]。

我們可以把佛陀的中道教法想像成一條山脊上的狹路，我們可能會很容易從那裡墮入「斷邊」（extreme of nihilism）或「常邊」（extreme of eternalism）[5]。如果我們未謹慎地限定所破境，就會誤用正理，將之遮破過度而落入「斷邊」。當我們誤用邏輯去遮破眾生的存在，或遮破善與不善之間的任何差別時，幫助其他有情眾生的誓戒就會瓦解。我們或許會因而相信沒有任何事物存在，或我們的選擇、行為都無關緊要。[6]

另一方面，如果遮破不足，我們的修行將不會觸及最深刻、最細微形式的無明。其結果是，即使我們能夠生起所有慈心與心的專注，我們將繼續活在痛苦的輪迴當中。[7]精確地認清輪迴最深的根源，將使我們發現中道即不墮入「斷邊」，又離於增益事物自性（有邊）的俱生習性的見解。[8]

宗喀巴鼓勵我們，如果我們正確地認清這個源自最深形式之無明的「我」，那麼，這個遮破「我」的動作，將自然而然地遮破所有關於「我」的錯亂想法。[9]讓我們以雜草為例，如果摧毀其根部，就可以除掉整棵雜草；但如果遺漏最深的根，雜草就會重新再長出來。例如，當圓滿證得補特伽羅無絲毫自性時，我們將不會錯亂地假設補特伽羅因為擁有恆常的自性而能長生不死。所有關於「我」的邪分別，都植基於最深層的邪分別。因此，它是這個根本的邪分別，這個細微的、增益的自我感，正是我們必須認清、攻擊的對象。

## 遮破過度

宗喀巴特別關注西藏當時（後弘期）廣為流傳、對龍樹中觀哲學所作的詮釋，它們大多誤認所破境。依他的見解，這些廣泛流傳的對中觀的誤解，是把戒律與所有其他的世俗成規視為不了義，因而毀壞了戒律。它們之所以會有如此的誤解，那是因為空性之甚深真諦排除戒律與其他成規之正量或正當性。宗喀巴認為，應以道德行為法則（業果法則）的輔助與踐履的觀點，來了解甚深空性，而非否定。他的著作旨在鼓舞人們積極行善，就史實而言，它們確實發揮這個功效。

宗喀巴堅持正理觀察是修行生活不可或缺的工具。為了使人信服空性與戒律並不相違，宗喀巴必須顯示勝義與世俗二諦互不牴觸，也不會彼此破壞或取代。[10]自性的空性是在正確觀察事物的存在方式後所發現的勝義諦，但它與正量的「名言有」完全相容不悖。[11]

為了探究這個見解，讓我們看看宗喀巴的《廣論》對勝義觀察（ultimate analysis）的說法。所有中觀論師都同意，沒有任何事物存在於勝義中。這表示當我們運用正理去觀察補特伽羅、桌子或車子如何存在，也就是去觀察其究竟的本體狀態（ontological status）是什麼時，我們無法找到或發現任何可以建立這種存在的了義基礎或根基，對車子鮮明的真實感似乎在觀察審視之下消失。去尋求通達「車子究竟是什麼」的心，完全無法得出勝義的「車自性」（car essence）或任何種類的自性。假如可以得到「車自性」的話，我們就可以說車子禁得起勝義觀察，而且車子存在於勝義中。然而，觀察車子的心最終得出車子的空性——車子無自性。所有中觀論師都同意，沒有任何事物禁得起勝義觀察，因此，不論在任何地方，沒有任何事物存在於勝義中，而這當然包括佛陀與佛法，甚至連空性本身也是「空」的。也就是說，當人去尋找空性的勝義自性時，同樣也會一無所獲，他只能找到空性的空性（emptiness of emptiness）。[12]

當勝義觀察所緣境如何存在時，由於無法發現任何所緣境，於是某些西藏詮釋者便得出結論：正理破除一切事物的存在。他們主張，當勝義心（ultimate mind）——符合勝義真實的心，將其眼睛轉向車子，而發現車子無跡可循時，這必定暗示著車子不存在。在我們的感官、一般的心識之前，車子或許顯現為存在，我們也許可以用語言來談論車子。但這些都是愚痴的徵相——無明的徵相，或者充其量只是「優雅的虛構事物」。注視車子的勝義心完全無法找到它，這看似證明車子不存在。

當宗喀巴回答「車子、桌子與補特伽羅確實存在」時，這些詮釋者說：「你瞧！在中觀的觀察下，車子可以被發現或不被發現。假如你說它們可被發現，那你是在說『實車』（real car）、有自性的車子、於勝義中的『實車』，那麼，你就不是中觀師。但假如你說它們在觀察下無法被發現，那你怎能宣稱它們存在？誰能說被正理觀察所破除的某件存在的事物，不論如何卻還是存在？」[13]

宗喀巴主張，尋常的所緣境之所以存在，是因為它們被未受損壞的根識（sense consciousness）[14]所認知，而從非常實際的方面來看，這些根識是值得信賴的資訊來源。

但宗喀巴的論敵引經據典，例如引用《三摩地王經》（*King of Concentrations Sutra*）的「眼、耳、鼻非量（valid cognition）」[15]（眼識、耳識、鼻識都不是有效的認知），而提出相反的論點。

## 緣起與空性

在《廣論》之中，宗喀巴以大量的篇幅來破除諸如此類的觀點。但他並未以駁斥為始，反而透過顯示他自己見解的核心，凸顯其論敵立場上的問題。宗喀巴引用五部不同的論典，[16]在這些論典之中，龍樹清楚陳述空性與緣起具有相同的旨趣，彼此相關。它們完全相容，因為它們事實上是談論同一個真實自性的兩種方式，它們即是中道。例如，龍樹的《中觀根本論》（*Fundamental Treatise*，簡稱《中論》）說：

> **凡依因緣而起者，將彼解釋為空性，**
> **彼是依而安立者[17]；彼性即是中觀道。**[18]

他在《迴諍論》（*Refutation of Objections*）中說：

**諸說空緣起，中道為一義，無等第一語，敬禮如是佛。**[19]

對宗喀巴而言，空性與緣起的不相違是中觀見的核心與「道」的關鍵。「緣起」是指事物依仗因緣而生，正確地了解緣起，可以破除事物於自身中存在的概念，因為它們必須依仗其他事物。在此同時，它也破除「斷邊」，因為它顯示事物的確生起，它們確實存在，而且影響彼此。因此，宗喀巴建議，假如認為自己或許已經找到甚深的空性見，你應該檢視自己是否遮破過度。你所發現的這個「空性」，是否能與仗緣而起之事物的「唯有」（mere existence，唯名安立的存在）一致，假如不能，那你肯定是錯亂了。[20]

宗喀巴指出，對中觀的詮釋如果無法支持緣起，將會破壞整個佛教修行的概念。從「基」（basis）、「道」（path）、「果」（fruit）的觀點來討論佛法，是解釋這點的一個方法。「基」是指所有存在的事物，這些事物可以被包含在世俗諦與勝義諦其中之一諦。勝義諦是空性；世俗諦是包含有情眾生在內的所有其他事物。大乘的「道」牽涉兩種修行：（一）透過人對人與人際關係（世俗諦）的態度，而累積善德或福德的修行；（二）積聚智慧、真實智（knowledge of reality，勝義諦）定解的修行。這條修行之「道」以圓滿成佛之「果」為最終。「果」也有兩個面向：（一）化身（佛陀身相之體現）；（二）法身（佛陀真諦之體現）。前者是源自積聚福德的印記（imprint）〔或「果」〕，後者則來自積聚智慧的印記。[21]

重點是：一個人若無悲行與無二智（道），就無法成佛（果）；若未兼具世俗與勝義二諦（基），就無法擁有悲行與無二智之「道」。假如只有空性，而沒有世俗諦，就不會有眾生，就不會有要去解除的痛苦，因而就不會有悲行，進而不會有佛果。因此，對整個佛法而言，保持二諦無違（空性與緣起不相違）是重要的。[22]

宗喀巴也解釋，當我們理解緣起與空性並不相違時，就可以看到斷見論者對中觀的誤解，實際上與那些執自性的常見論者有許多共通之處。為了理解這點，讓我們如此思考「空性與緣起並不相違」這個基本問題：當「A」是〔自性〕空時，「A」能產生「B」嗎？假如「A」無自性，它如何能夠產生「B」？假定「A」這個「因」是一顆種子，而「B」這個「果」是一棵芽。現在讓我們思考這些問題的三個答案：（一）包括許多佛教徒在內的實事師的答案；（二）遮破過度的中觀詮釋者的答案；（三）宗喀巴的答案。

（一）實事師：假如種子是「自性空」，那麼它就無法「生」芽。假如在種子自性之中不具「生」芽能力，那麼芽將不會從種子被「生」出來。由於芽「生」，因此，我們知道在它們的「因」（種子）的自性中，必定具有「生」芽的力量。

（二）遮破過度者：我們同意，當種子是「自性空」時，它就無法「生」芽。假如在種子的自性中不具「生」芽能力，那麼芽將不會從種子「生」出來。然而，中觀的觀察顯示種子無自性，因此，芽不會被「生」出來。一切的「生」（一切存在）都是愚痴。

（三）宗喀巴：正如我們經常在世間觀察到的，當種子是「自性空」時，它就能夠「生」芽，而無須自性來「生」芽。事實上，唯有因為種子無自性，緣起才會如我們所觀察地發生。

藉由這些詞彙所構成的這個討論，宗喀巴清楚地指出，遮破過度並對自己嚴格的中觀觀察感到自豪的西藏人，實際上與實事師持有共同的假設：「生」（生起）必定是自性生，「有」（存在）必定是「自性有」（自性存在）。一旦某人接受這個假設，他就會因為肯定自性而落入「有邊」，或因為否定「生」而落入「斷邊」。〔實事師與遮破過度者〕沒有任何一方能想像事物可不必透過擁有某種自體或自性，而僅僅只是存在（唯有），只是產生結果。然而，宗喀巴從龍樹與月稱的著作引用許多段落，來顯示自己所採取的立場是：事物生起與產生其他事物，無須絲毫自性。[23]

在尋求理解空性時，重要的是切莫損毀我們對緣起的信心。宗喀巴教導，緣起本身是我們用來顯示事物「自性空」的最佳正理。[24]我們可以每天練習這點。當我們看見某個令人印象深刻的所緣境，例如一座山或一幢巨大的新建築，我們能夠立即思惟這個所緣境如何從因緣生起。例如，一座大型的校舍有賴於早期具備某種教育理念的人；它有賴於一個擁有相同的價值觀，肯支持完成校舍工事的社會；它有賴於從眾人募得的資金，因而有賴於眾人的工作與經濟體系；它仰賴夢想著這座特殊學校的人、從事設計的建築師與工程師、創造與組裝材料的人、一磚一瓦構築牆壁的人。校舍中的木材仰賴樹木，樹木仰賴水分、泥土與陽光。如果不辛勤維持這幢校舍，它很快就會傾頹毀壞。

學校不具任何自行存在的能力，也就是說，它空無任何存在的自性力量。若無形成它的「因」，它就不會存在於那裡，而且當支持它的眾緣改變時，它將會消失。值得注意的是，在我們的第一印象中，校舍的顯現看似並非依他而起，它並未顯示真實的面貌，它把自己表現為壯觀的樣子，彷彿暗示著它在那裡是因為自身具有某種自性的力量。從細微的方面來看，我們所看見的一切所緣境都是如此。

## 更深刻的理解

如此一來，要開始去思考緣起與空性如何不相違，就很容易了。然而，讓這種理解充分生起則是困難的。我們必須一直確信因果關係，即所有不同的因緣會產生各自獨特的「果」。同時，我們也要生起全然的定解，確信所有這些緣與其結果都毫無自性可得。宗喀巴重複龍樹所說的話來告誡我們，對緣起與空性兩者生起的全然定解是非常稀有難得的。[25]宗喀巴勸勉我們，為了尋得這個正見，我們必須持守戒律，培養福德與智慧，必須跟著善知識努力研習，並作意思惟他們的教法。[26]

宗喀巴描述誤解空性教法的修行者的想法，作為修行者如何誤入歧途的例子。當他們開始從事中觀的觀察時，很快地就會注意到，當他們尋找桌子、瓶子、補特伽羅或學校時，他們所尋找的東西無法與它自己的支分（組成成分）相同，於是得出「所緣境不存在」的結論。[27]然後，他們思惟這相同的觀察，將會破除自己觀察的心的存在（即「能觀察者」不存在）。他們會懷疑自己如何能從事這個顯示觀察之心本身不存在的觀察，於是他們面臨自相矛盾的情況。他們認輸，並且下一個結論：「諸法既非有（存在）亦非無（不存在）。」[28]

這種方法是以草率與膚淺的正理為特徵，它對空性不會生起定解，也不會對「何以只有空法能夠扮演因果的角色」[29]產生強而有力的理解。龍樹與其他中觀的導師確實提出論證，顯示人在謹慎觀察時何以無法找到所要觀察的目標。那些遮破過度的人推斷，這些論證否定被觀察事物的存在。但是如宗喀巴所顯示的，龍樹的論證實際上是以「讓事物能夠在這種探究觀察之下被找到」的方式來破除事物的存在；換句話說，龍樹的宗規顯示事物不存在於勝義中。他的論證證成事物並非「有自性」，甚至任何在「勝義的觀察之下可找到」（findable-under-ultimate-analysis）的那種極微小元素的存在也不可得。即使龍樹常常未加上「勝義的」（ultimately）這樣的簡別語（限定詞），但他有時會這麼做，而他肯定無法證明一般事物全然不存在。因為如果他試圖去證明，那麼他為什麼會談論這種正理是離於痛苦之解脫道的一部分？若果真如此，痛苦、人們、「道」與解脫都不會存在。[30]

為了解釋這個想法——〔自性〕空的事物是存在的，並且在因果關係中扮演積極活躍的角色，宗喀巴引用月稱的說法：

**眾所周知，**
**諸如影像等事物是依仗因緣和合的「空事」（empty thing，自性空的事物）。**
**但這類影像等空事，**
**卻能生起認取其行相的識（consciousnesses）。**
**同樣地，雖然一切諸法皆空，**
**但是這些空事定能產生種種作用（果）。**[31]

這個段落在影像、桌子、人們等一般事物之間作了一個類比，影像顯現為存在的境，但事實上卻是「空」的，桌子、人們等一般事物錯亂地顯現為於自身中存在，但其實不然。影像雖然完全缺乏它們所顯現的那種存在，但仍然從因緣生起，並能夠帶來「果」（作用），例如某人覺察到映現的影像。

類似地，桌子與人們雖然顯現為於自身中存在，但實際上，他們全然空無任何這樣的自性。然而，這無法阻止他們依賴「因」，以及〔阻止他們〕作為其他「果」的「因」。我們的所作所為至關重要，因為我們存在，而我們的行為、選擇都是未來〔果〕得以生起的「緣」。

## 【注釋】

(1) 本章內容主要依據英譯本《廣論》第3冊，第10、11章。（譯按：漢譯本《廣論》卷17）

[2]《廣論》卷17：「譬如說此補特伽羅決定無有，必須先識其所無之補特伽羅，如是若說無我無性決定此義，亦須善知所無之我及其自性。」（頁629）

[3] 即《廣論》卷17（頁629）的「明所破義遮破太過」的內容。

[4] 即《廣論》卷17（頁684）的「明所破義遮破太狹」的內容。

[5]「斷邊」即執著絕無的斷見；「常邊」即執著實有的常見。

[6]《廣論》卷17：「若未了知所破量齊破太過者，失壞因果緣起次第，墮斷滅邊。」（頁629）

[7]《廣論》卷17：「又若不從究竟微細所破樞要而滅除者，有所餘存便墮有邊耽著實事，終久不能解脫三有。」（頁629）

[8]《廣論》卷17：「故應善明所破為要，此未善明決定發生或是常見或斷見故。」（頁629）

[9]《廣論》卷17：「其所破之差別雖無邊際，然於總攝所破根本而破除者，則能滅一切所破除。」（頁629）

[10]《廣論》卷17：「唯具深細賢明廣大觀慧中觀智者，善巧方便達二諦，抉擇令無相違氣息能得諸佛究竟密意。」（頁633）

[11]《廣論》卷17：「若誰可有空，於彼一切成，若誰不許空，於彼皆不成。」（頁634）

[12]《廣論》卷17：「諸具慧者應知性空之空義，是緣起義，非作用空無事之義。」（頁633）

[13]《廣論》卷17：「若能忍者，則有堪忍正理所觀之事，應成實事；若不堪忍，則理所破義而云是有，如何應理？」（頁630）

[14] 根識（sense consciousness）是依於五種根門而生起之識，即眼、耳、鼻、舌、身識。

[15]《廣論》卷17：「《三摩地王經》云：『眼、耳、鼻非量，舌、身、意亦非，若諸根是量，聖道復益誰？』」（頁630-631）

[16] 五部論典為《中論》、《迴諍論》、《明顯句論》、《七十性論》、《六十正理論》。

[17]「依而安立者」亦即「依賴命名的基礎（例如五蘊）而命名者（例如補特伽羅）」。

[18] 此偈頌出自《中論》第24品〈觀察聖諦品〉，第18、19頌。此偈頌鳩摩羅什譯為：「眾因緣生法，我說即是無；亦為是假名，亦是中道義。未曾有一法，不從因緣生；是故一切法，無不是空者。」（《大正藏》卷30，頁33）

[19]《廣論》卷17，頁635。《迴諍論》漢譯本（毘目智仙與瞿曇流支譯）譯為：「空自體因緣，三一中道說，我歸命禮彼，無上大智慧。」（《大正藏》卷32，頁15）

[20]《廣論》卷17：「此極顯說若有自性，不待因緣；若待因緣，定無自性。……由依因緣，染淨諸法生滅緣起與無自性隨順和合，固不待言，即此緣起，……若執緣起生滅定有自性，破自性理而破生滅緣起，如天變成魔，於能如實得中觀義。作大障礙。」（頁638）

[21]《廣論》卷17：「由大乘行令所化機，於果位時獲二勝事，謂：勝法身及勝色身。此於道時須如前說方便若，未單分離積集無量福智資糧。」（頁632）

[22]《廣論》卷17：「我因緣起故說是空，故誰有空，即有緣起，誰有緣起，則四聖諦於彼應理。」（頁636）

[23]《廣論》卷18：「謂以若無自性則全無法，於性空之空，全無安立因果之處，故墮斷邊；若許有法，必許有性，則不能立因果如幻，實無自性，現似有性，故墮常邊。若達一切法，本無自性如微塵許，不墮有邊。如是則於苗等諸法，非由作用空而為無事，有力能作各各所作，引決定智，遠離無邊。」（頁643-644）

[24]《廣論》卷17：「聖者父子所有密意，最微細處謂依緣起，於無自性生定解法及性空法，現為因果之理；當生定解，他莫能轉。」（頁639）

[25]《廣論》卷17：「能於如是現空二事，雙引定解者，至極少際，故極難得中觀正見。」（頁638）

[26]《廣論》卷17：「應於能得正見之因，淨護所受淨戒為本，多門策勵積集資糧，淨治罪障，親近善士，勤求聞思。」（頁638）

[27] 例如在觀察瓶子等事物是否就是它的瓶嘴、瓶頸等支分時，未能在它們的任何支分之中找到瓶子等事物，從而產生「瓶子是不存在」的定解。《廣論》卷17：「僅於少數堪為定量之論，見說觀察瓶等與自支分，以一異理抉擇無性而起誤解。便觀瓶等於自支分嘴頂等中為是何事，若於彼中全無所得，便起定解謂瓶非有。」（頁639）

[28]《廣論》卷17：「次於觀者亦如是觀，則覺觀者亦定非有，爾時觀者且無所得，又由誰知瓶等為無？由是便謂非有非無，以相似理引顛倒解。」（頁639）

[29]《廣論》卷17：「於無自性生定解法及性空法，現為因果之理。」（頁639）

[30]《廣論》卷17：「如是龍猛菩薩之宗，謂諸法全無塵許自性，若由自性生死涅槃一切建立皆不得成。然此建立不可不有，其縛脫等一切建立皆當安立，故亦定須許無自性。」（頁639-640）

[31]《廣論》卷17：「事空如像等，依緣非不許，如從空像等，能生彼相識，如是諸法空，然從空事生。」（頁641）

第四章

# 勝義與世俗的電台 (1)

佛陀請他的追隨者去觀察自己的補特伽羅我執與我執，他教導無論人如何觀察一個補特伽羅的身與心，我們所相信的這個自性的補特伽羅我都無處可尋，補特伽羅空無自性。然而，佛陀使用「我」與「我所」（我的）等字眼來指涉他自己、他自己的發心與體證。此外，對佛教的戒律而言，補特伽羅的本體概念是重要的。在戒律之中，業被造作，並且在今生與來世結出道德之果，這是緣起的一種型態。正如我們所見，宗喀巴駁斥斷見論者誤解中觀的中心要點在於，顯示緣起與空性並不相違是中觀正見的核心。如果針對空性所作的詮釋無法保護緣起，那麼這種詮釋就不可能是正確的。[2]

## 勝義觀察

那麼，宗喀巴如何答覆其他論師的論點？這些論師辯論道，如果馬車與補特伽羅禁不起中觀的觀察，如果它們的真實性在透過嚴謹的正理去探究而變得模糊的話，就表示正理破除了它們。我們怎麼能夠去談論已經被正理破除為完全不具有任何意義存在的事物？[3]

宗喀巴主張，這個問題之所以產生，那是因為將「禁不起正理觀察」與「為正理所破」（被正理證明為無效或被正理駁斥）這兩者混為一談的緣故。的確，一位謹慎的思惟者不會聲稱事物「被正理所破除」卻依然存在。但事物可以存在，而且在「禁不起正理觀察」下，依然安好地存在。這其中的差異是什麼？[4]

探問某件事物是否能禁得起正理觀察，即是在探問，在一系列深入的、企圖挖掘顯現背後的核心真實，在觀察正理之下，它是否能被「發現」或證明其存在。[5]當運用正理觀察車子時，在其中找不到任何自性真實，在這些零件當中並無任何個別的零件是車子。所有零件的組合也不會是車子，因為這些零件可以散落一地或胡亂堆疊在一起。車子的形狀不是車，因為我們可以在無車的情況下，於車子的模型裡找到這個形狀。除了車子的零件、零件的組合、零件組裝出來的形狀之外，我們是否能夠找到其他事物是這部車的自性？我們能指出什麼？當我們找不到可以作為車子基礎的「車自性」（car-essence），就表示車子「禁不起正理觀察」。[6]

然而，勝義觀察找不到車子，並不表示它破除車子。更確切地說，它破除的是「有自性」的車子，也就是勝義觀察可以找到一直在那裡、能夠被發現的那種「有自性」的車子。汽車、馬車與補特伽羅存在，但這種存在是由一般「名言識」（conventional consciousness，世俗認知）所成立，這種「名言識」給予我們關於周遭世界實際且正確的資訊。我們不應期待在尋找自性的勝義觀察下可以找到它們（汽車、馬車與補特伽羅），我們也不應該假設，在勝義觀察之下無法找到它們，便會損及它們的「唯有」。[7]

宗喀巴提出一個使我受益良多的簡單比喻：「不論我們如何仔細地觀看，都看不到聲音，但這並不能破除聲音。」[8]在此，勝義觀察與「名言識」被比作兩種不同的感官力量，每個感官之力都給予我們關於其領域的正確資訊。同樣地，當我們不滿意自己目前對車子的認識或技工、工程師對車子的解釋，而硬要找出它勝義的本體基礎時，這種勝義自性之不可得與「這是否為一部好車」等一般性的問題無關。在無須任何自性與可尋的「車自性」之下，車子仍然存在並運轉。

換句話說，在勝義觀察之下，車子之不可得並非它不存在的徵相。更確切地說，其徵相是車子不以在這種觀察下可被尋得的方式存在。也就是說，觀察之下的不可得性，才是「有自性」的車子不存在的表徵。

根據月稱對龍樹的解讀，宗喀巴主張，假如事物有任何種類的自體或自性，那麼這種自性將會在勝義觀察之下被發現。因此，在勝義觀察之下，我們找不到事物的這件事實，意味著事物並無自性，[9]無自性與無「勝義有」於因明（邏輯）上是相等而同一的。對月稱與宗喀巴來說，於勝義觀察下不存在、於勝義中不存在、自性或自體不存在，是以三種方式說明同一件事。但是再次切記，這與我們說「這些事物完全不存在」是不同的。

我思考宗喀巴「我們從未看見聲音，但這並不破除聲音」的比喻，而為我的學生構想出兩個無線電台的比喻。A頻道是「綜觀一切事物的電台」（all things considered radio）。這是我們平常的世俗頻道，我們可以從中獲取各種多元而複雜的世界資訊。或許今天它們正在廣播一場激烈的辯論：紅車的擁護者在一場激辯中，對於藍車的擁護者感到憤怒。一般來說，我們「只」收聽這個電台，因此對它廣播的內容照單全收，沒有作更深入的審察。我們不曉得是否還有或可能還有其他的頻道。但事實上，有第二座電台在B頻道播放「勝義」的觀點。B頻道的節目是「一切始終都是空性電台」（all emptiness, all the time radio），每個現象都只從它的勝義自性的觀點來陳述。當我們轉到這個頻道時，就無法接收到其他頻道提供的所有詳細資訊。從勝義真實的觀點來看，紅車與藍車都同樣是〔自性〕空的。

B頻道（空性電台）為世俗頻道討論的內容增添新資訊與更深刻的觀點。這顯示，在A頻道討論的事物，肯定不以它們平常被描述的方式存在。當我們調至B頻道後再回到A頻道時，我們就可以了解為什麼A頻道只是世俗的頻道，因為它並非唯一或勝義的觀點。當然，這個新資訊並未證明紅車在各方面等同藍車，我們仍然要在開哪種車之間作出區別與選擇——如果有任何區別與選擇的話。光是B頻道不能讓我們作出實際的區分，因此我們仍然需要A頻道的資訊。

因此，勝義觀察無法發現車子，但它肯定也無法發現或指出車子是不存在的。假如它找出車子是不存在的，那麼因為勝義觀察是知識的正量來源（勝義量），因此車子必須是不存在的。勝義觀察純粹是找不到在這種觀察之下可尋得的那種車的真實（reality），這是一個非常重要的區分，而清楚地作出這個區分是宗喀巴對西藏哲學史所作的主要貢獻之一。世俗真實（conventional reality）不會被它們本質的甚深空性所摧毀；相反地，它們擁有自己的一種由名言識所了知的、作為所緣境的正量。[10]「知道要開哪一部車」的問題，是「如何在可能的行為過程之間作出選擇」的一般問題，它是「〔自性〕空的補特伽羅如何在對與錯之間作出區分」的問題。宗喀巴指出，要回答這個問題，需要在關於補特伽羅、車子與其他事物的兩種知識[11]之間作出區別。

某些中觀宗的西藏詮釋者暗示，談論車子與補特伽羅的存在，實際上是對那些考慮道德情況、非哲學學者又理解有限的人的一個特許。就這個解讀來說，中觀承認「名言有」，充其量只不過是承認諸如牧羊人與技工之類的其他人將會堅持談論羊和車，彷彿它們確實存在一般。而身為論師與修行者的我們（即某些詮釋中觀的西藏學者）則超越這種世俗約定，而且完全了知正理觀察破除這種事物的存在。

宗喀巴斷然拒絕這種針對「名言有」所作的詮釋。他強調，在論師與進階的禪修者之間，就如在牧羊人與技工之間，都能找到、都需要一般的名言識，這種名言識能提供正確的資訊，讓人藉以作出實際的區分，而正是這種名言識建立起「名言量」（conventional valid cognition，世俗的有效認知）的標準。大部分的論師對不同車種的相對優點也許知之甚微，但某些汽車達人的論師對其卻如數家珍，而其餘的汽車達人如果要作選擇的話，則有待學習這方面的知識。論師們知道好車與爛車之間的差別禁不起勝義觀察，但是當這種差別（好車與爛車）對他們來說很重要時，他們無論如何還是會去學習，以便區別車子的好壞。

在《廣論》當中，勝義觀察能夠讓人覺悟與解脫。然而，圓滿的修行正果也需要從事悲行的能力，而這種能力與作出實際的區別（即涉及名言識去作分辨）有關。因此，宗喀巴堅持這種明晰的觀察力量不是勝義的，而是在世俗法和語言的限制與範圍內運作，以闡明何者存在與不存在、何者是有利的與不利的。不是所有有用的觀察都需要立即把一切事物回歸到空性。換句話說，我們可以透過觀察哪一輛車好開、哪一個行為對自己有好處、哪一顆種子利於種植，而去學習有價值、實際的事物，而無須在每個步驟都去質問車子、行為或種子的究竟本體狀態。

實有論者或實事師相信事物如其所顯現般自行存在；當他們聽到宗喀巴主張中觀的觀察並未破除車子與桌子的存在時，或許會感到認同。他們也許會說：「這正如我們告訴你的。車子是『真實』（real）的，因為正如你〔中觀學派〕所解釋的，它們絕不會被解構式的觀察（deconstructive analysis）所破除。因此，我們可以像以前所主張的那樣持續下去。」然而，宗喀巴根本沒有要「援救」實有論者與實事師的意思。因為，如果事物真的以其平常顯現在我們面前的樣貌存在的話，那麼它們一定可以在勝義觀察下被發現。事物雖然顯現為自行存在，但是當我們去尋找時，卻無法發現能讓事物自行存在的絲毫自性。

因此，在記得勝義觀察不破除事物是仗緣而起的同時，我們必不可認為勝義觀察如同某種哲學的騙局或把戲般毫無價值。「自性」不像一頂帽子，我們戴上它（當我們第一次聽到它時），然後脫下它（當我們聽到它被破除時），讓世界如我們現在所見的一般毫髮無傷。(12)事物是「真實」的、堅固的，如它們所顯現般存在的周遍感覺，直接被交織在我們所體驗的世界架構當中。雖然桌子確實存在，但我們仍然必須如實地看待它們。我們對桌子的「現前知」儘管是知識的正量來源，但它同時也受到一層扭曲的染污。[13]那個扭曲是，桌子顯現為某個能夠以自己的力量而於自身中存在的事物。

因此，當我們開始了解，甚至懷疑事物是無自性的，全然不如我們所認定的樣子時，我們或許會感到害怕，彷彿世界將要瓦解，或在自己的腳下蒸發。我們透過再次回憶「它『不』是什麼都沒有」來平息恐懼。「緣起」是存在的，正如同一直以來都有緣起一般。觀察除了會威脅為我們與他人帶來巨大痛苦的虛妄障蔽和扭曲的增益之外，〔勝義〕並不會威脅任何事物。[14]

## 名言有

因此，宗喀巴解釋：中觀破除「自性有」，但仍採用依循世間名言（worldly convention，世俗的語言習慣），而接受桌、椅、人們等「唯有」。這產生了一個問題：我們認為的「世間名言」，是否會把實際上是顛倒的事物視為神聖？它對於一個看管人間事務，支配正義的「大自在天」（divine creator）[15]的看法又是如何呢？

在破除這樣的見解上，佛教的論師運用正理觀察與論證。依據宗喀巴的說法，許多西藏的論師從此而得出以下的結論：補特伽羅、桌子與大自在天具有相同的狀態，因為它們皆為觀察所破除，但仍然在許多一般人的世俗信仰中屹立不搖。這樣的西藏論師甚至無法承認「名言有」的補特伽羅或車子，因為他們認為，如果這麼做，則勢必要承認世界上所有其他共認的世俗法，其中包括以名言存在的大自在天。他們認為，否定諸如大自在天等「名言有」的妄計，也會使他們表態去否定「名言有」的馬車與補特伽羅。[16]這樣的結果是，他們無法為自己作出任何名言的區分；他們堅持主張所有的區別都是無明造就出來的，而且有時這些區別是論師對於無明的一種慈悲容忍的讓步。他們宣稱自己既無法確認，也不主張任何法（現象），在這種理解的脈絡底下，他們認為修習空性即指「全無所取，令心安住」。[17]

宗喀巴一再強烈地反對這種言論，並且把它視為脫離佛教中道正見的一嚴重的、斷滅的偏離。[18]他主張，中觀論師必須能作出名言的區別，並能解釋世界在名言層次上的運作方式，同時運用正理去破除諸如大自在天等「名言有」的妄計。

宗喀巴的《廣論》中以「三相」（three criteria）[19]來決定「某種事物是否於名言中存在」：（一）這件事物必須是「名言識」所認知；（二）這種共同認定的事物與其他的「名言量」，兩者並不相悖；（三）與如理觀察真實或觀察有否自性的正理並不相悖。由於沒有任何事物存在於勝義中，因此凡是不符合「名言有」三相的事物，就根本不存在。[20]

「名言有」的第一個徵相是，「名言識」必須知道這件事物。宗喀巴告訴我們，所有的「名言識」就某種意義而言，都是以一種「不事觀察」（noninquisitive）的方式運作；在某個程度上，它們只是隨著事物的顯現方式運作，而不會去追問：「這是否是所緣境真實的存在方式？」或「它是否只以這種方式顯現於自心？」重要的是，宗喀巴同時指出，「名言識」並非是全無觀察的。[21]它們只是隨著事物於「名言識」的顯現方式運作，但在那個方式之中，它們可以從事觀察。換句話說，它們可以觀察這樣的問題：「這部車好開嗎？」、「這個行為好嗎？」只要它停止去質問事物存在狀態或本體狀態，這種觀察可以是相當深入的。換句話說，它不會問：「車子究竟是什麼？」[22]

每個人都有這種尋常的「觀察識」（analytical consciousness）。我們有時或許會提出這樣的宗派問題：「名言認知（conventional knowledge）是否準確？」或「這種所緣境於真實中是否以這種方式存在？」然而，我們不能一直如此思考。在一天當中，我們必須作出世間的區別，例如「什麼可吃或不可吃」或「天氣如何」等等，也必須對自己的職業作出極為專業化的、其他觀察式的區別。因此，宗喀巴提醒我們，「名言認知」不僅僅是未受宗見影響的耆老們所接受的事物，它也是進階的修行者與思路縝密的論師必須具備和仰賴的事物。[23]在每個宗派論辯的任何一方，「名言認知」都顯而易見，例如，它出現在我們與人論辯時所提出的例子當中，它是我們所有語言的認知與經驗的基礎。[24]

然而，正如宗喀巴為釐清「名言有」而設立的後兩個徵相，即「名言識」看似了知的某些事物，實際上並不存在。也就是說，即使是在名言的層次上，謹慎的觀察與正確的現識（perception）[25]也能顯示，某些補特伽羅或心識所認為的事實，實際上完全是顛倒的。例如，一般的「名言識」或許會錯亂地把繩子誤認為一條蛇，或把陽焰水（如海市蜃樓）誤認為水。我們無須去觀察空性，就可以破除這些錯亂的概念分別與現識。相信地球是平的與其他被科學否定的假說，都落在這個範疇當中。[26]

還有看似是一般世俗經驗（與正確的「名言認知」不相違的經驗）的其他事物，但它仍然是顛倒的。如宗喀巴所說的：「雖然有些事物從無始以來已為『世間所共認』，但是因為它們受正理所駁斥，因此，即使是在名言中，它們也不存在。」[27]例如，某人聲稱「事物有自性」的邪分別（與邪現識〔misperception〕），或「昨日之山無異於今日之山」的想法。唯有觀察事物真實存在的方式，才能破除這些看法。它們為正理所破，因此即使在名言中也不存在。所以，中觀師並非全盤接受被世間所共認的事物。[28]

另一方面，宗喀巴承認車子、桌子與補特伽羅的「名言量」；在未因疾病、視覺幻象（optical illusion）、錯誤宗見等因素愚弄或扭曲的健全根識與心之前，車子、桌子與人們顯現為境。如我們所見的，宗喀巴主張，所有的正理觀察都能夠且必須從這組正確、可靠的基本數據開始。[29]即使感官錯亂地呈現車子與桌子的影像，彷彿它們是客觀、獨立、自性真實（real）的，但它們仍然能夠讓我們正確地區分車子與桌子。如果我們在名言上從事進一步的觀察，甚至能知道哪些桌子可以坐（如果有桌子的話），以及哪些車子好開（如果有車子的話）。

## 【注釋】

(1) 本章內容主要依據英譯本《廣論》第3冊，第12、14章。（譯按：漢譯本《廣論》卷18、卷19）

[2]《廣論》卷18：「若諸法性空，生死涅槃所有因果不可安立，龍猛菩薩謂此諍論是中觀師破他之過，今向自擲應遮回耳。」（頁643）

[3]《廣論》卷18：「若彼不堪正理觀察，理所破義，云何能有？」（頁653）

[4]《廣論》卷18：「此於不堪正理觀察與理所破誤為一事，有多人說：『觀察實性正理雖破，然有生等。』此乃亂說，非我所許。」（頁653）

[5]《廣論》卷18：「堪不堪忍正理觀察之義，謂以觀察真實之理，有得無得。」（頁653）

[6]《廣論》卷18：「若以彼理觀察尋求，無有少分生等可得，名不忍觀察。」（頁653）

[7]《廣論》卷18：「色等生滅是由名言識所成立，色等雖有，非由理智所成，故彼未得如何名破。」（頁654）

[8]《廣論》卷18：「譬如眼識雖不得聲，非眼能破。」（頁654）

[9]《廣論》卷18：「故以正理如是觀察，若根境識無有自性，則非性成，設若彼等由自性成，則以正理正觀察時，如其安住，應極明了見有自性，然不可得故成性空。又色聲等諸世俗法，雖其是有，非觀真實，或觀有無自性正理之所成立，故正理觀察不於彼轉。」（頁654）

[10]《廣論》卷18：「由是因緣我非是說，較勝義量諸名言識劫力強大，及非是許諸名言識破勝義量。然汝若說觀察真實之正理，觀察名言色受等境，若彼未得即是彼理之所破者，非但不能破除於他，返以世間共許之量破彼破者。」（頁655）

[11] 兩種知識是指名言識與勝義量。

(12) 大約以傑弗瑞．霍普金斯（Jeffrey Hopkins）的《修習空性》（*Meditation on Emptiness, Wisdom* Publications, 1983）為基礎（頁545-547），其中包括一個生動的節錄，摘自丹達拉朗巴（Dendarhlarampa）的著作《Presentation of the Lack of Being One or Many》，此書出自他的著作選集（*Collected Works*, New Delhi: Lama Guru Deva, 1971）第一冊，頁425.1ff。

[13] 扭曲的染污是指「眼識」等錯亂有境（心）與「色塵」等錯亂顯境。《廣論》卷18：「此眼識等錯亂心故，及色塵等錯亂境故，策勵修道，不許彼是正理所破；是由修道所破之事。」（頁656）

[14]《廣論》卷18：「故自尋求時，境上有性，正理能破，非破其有，說諸正理唯為尋求自性為勝，故彼正理，是為尋求自性有無。說正理破亦是破除自性之義，故當分辨彼二差別。」（頁657）

[15] 大自在天即印度教三大主神之一的濕婆，濕婆是毀滅之神，被視為世界最高位的神，是宇宙世界的創造者。此神被吸收入佛教後，住色界之頂，為三千界之主。

[16]《廣論》卷19：「次見大自在天及自性等，於名言中若許為無，則自色等亦須許無，若於名言許色等有，則自在等亦須許有，二者相等。」（頁671）

[17]《廣論》卷19：「故覺自宗，任於何法此是此非皆不可說，恃為獲得中觀真實。又有隨順如此誤解，住無所取，便為修習清淨正見尤為眾多。」（頁671）

[18]《廣論》卷19：「故如此類雖長時修，非但不能略近正見，返漸遙遠，由與自宗緣起正道，可許一切生死涅槃緣起建立，極相違故。」

[19]「三相」（three criteria）：為了能如實了知所量未知的事物，其列舉的正因必須具備三支：（一）宗法；（二）隨遍；（三）倒遍。

[20]《廣論》卷19：「謂若有一於名言識是所共許，如所許義，餘名言量無能違害，及能如理觀察真實或有無自性，以此正理亦無違害，則於名言許彼為有，與此相違，即許為無。」（頁672）

[21]《廣論》卷19：「其名言識，謂任於何法，唯如所顯隨順而轉，不更觀察其所現義，為唯於心如是現耶？抑為彼義實如是耶？名不思擇真實義識，非是一切全無觀察。」（頁672）

[22]《廣論》卷19：「此唯如世間共許或如名言識顯現而轉，非觀真理為何而隨轉故，亦名世許。」（頁672）

[23]《廣論》卷19：「故如此識遍於宗派，變未變心一切皆有。任於誰身，皆名世許或名無觀察識。莫執唯於世間常人，未以宗派變心者乃有，即由宗派已變心者，雖有眾多有觀察識，……然非彼一切識，皆是觀察實理之識。故問何為世共許，非是唯問離諸宗派世間老人。」（頁672）

[24]《廣論》卷19：「即可觀察五敵身中無觀察識，如何而轉言於彼識共許，謂所顯現或所領納設名言處。」（頁672）

[25] 小乘的正理師認為「現識」是一種「離分別」與「無錯亂」的識，因此把與色等五種境自相有關的「現識」稱為「量」。

[26]《廣論》卷19：「譬如於繩妄執為蛇及陽焰妄執為水，雖是未觀實理識所執取，然彼所取義，由名言量而能違害，故於名言亦無彼等。」（頁673）

[27]《廣論》卷19：「又於世間雖是無始共許之義，若理所害，則於名言亦定非有。」（頁674）

[28]《廣論》卷19：「如由無明，於諸法上增益自性，及薩迦耶見執有自性我及我所，及執昨日山為今日山等諸境界，故非世間所許一切，中觀諸師便於世俗而遍受許。」（頁674）

[29]《廣論》卷19：「故無翳等內外錯亂因緣損害，諸根識等唯無明刀錯亂執取實無自性現有性境，此不能害無倒名言。」（頁662）

第五章

# 可靠的來源

(1)

當宗喀巴大師建議我們閱讀經典與古典的論著，努力研讀與思考所閱讀的內容時，他是在建議我們蕭規曹隨，遵循他的步履。他仔細閱讀中觀教典，他自己細微的觀察，使他以一種特定的、充滿力量的「明」（clarity）[2]去理解其中的意義。《廣論》是宗喀巴個人的修行教誡，但這當然不表示他個人的修行教誡無法幫助我們了解佛教經典的意義。宗喀巴向我們顯示他如何閱讀龍樹、月稱的方法，以避免許多早期詮釋者所犯下的錯誤。換句話說，《廣論》既是他個人的指引，也是學術上的論釋。宗喀巴的目標在於，當我們試圖在心中建立佛法的意義時，協助我們釐清疑慮。

## 我們的感官作為知識的來源

問題的重點在於我們從「名言識」所取得之資訊的正量。如我們在第三章所提及的，宗喀巴主張，我們之所以知道一般所緣境的存在，那是因為我們未受損壞的根識與心之狀態認知到這些所緣境，而這些根識與心之狀態是實用資訊的有效且具權威性的來源。但是，宗喀巴的論敵卻引經據典來迎擊這個論點，例如他們引用《三摩地王經》（*King of Concentrations Sutra*）的說法，提出相反的意見：「眼、耳、鼻非量（valid cognition）」（眼識、耳識、鼻識等都不是有效的認知）[3]同樣地，月稱說：「世間皆非量（valid）。」（世間的一切都不是正量）[4]

宗喀巴謹慎仔細地閱讀月稱對這個問題所作的闡釋，指出這些段落清楚地表示，「在真實的文義脈絡之中」或「就真實而言」，一般世間的認知並非資訊的正量來源。在此所翻譯的詞彙「真實」（reality）是指「真實性」（just-that-ness；藏de kho na nyid）或「真如」（suchness；藏de bzhin nyid）。這些詞彙是指「勝義真實」或事物的究竟自性，它們是指空性。於是，宗喀巴解釋，月稱明顯地要教導我們不能仰賴一般的感官（五根），讓它們來告訴我們某件事物是否是「自性空」。當注視一張桌子時，我們的眼睛呈現一個似乎有某件事物被放置在那裡的影像，彷彿那張桌子獨立存在於我們之外，有它自己的起因與支分（part，組成部分）。就此而言，眼識「無論如何都不是量（valid）」，就此而言，眼識「不是一個有效的認知（valid cognition）」。如果我們想要獲得事物本身是否以自性存在或於自身中存在的正確資訊，我們必須調整到B頻道，藉由觀察、運用正理、質問那張桌子的本體。正如月稱所指出的，如果一般的感官已經給予我們勝義真實的正確描述，那麼，我們為什麼還要努力去生起菩提心？[5]

宗喀巴費盡心思地解釋，我們一般的「名言識」若未受到視覺幻象、藥物、錯誤的宗見等所損害，那麼，它們會是什麼事物存在或不存在等資訊的可靠來源。在這個情況下，它們是「量」（有效的）或具權威性的。[6]它們可以告訴我們：在這個房間裡是否有一張桌子；月亮是否正在閃耀；道路會在哪裡轉彎。我們可以仰賴它們所提供的這類知識。

佛教哲學的某些宗派主張，有效的認知（valid cognition）之所以是「量」（valid），那是因為它正確地通達其所緣境的「自性」。這些宗派也聲稱，所緣境透過其自性而存在。這樣的結果是，這些宗派認為「量」（有效的認知）意味著了解一個所緣境的自性，並且因為看到它的自性在那裡，進而證明所緣境確實存在。[7]月稱抨擊這種「量」的想法，因為在這種想法之中，唯有在一個「實性」（real essence）的基礎上，正量才有可能。如果把這些段落自文脈中抽離，某些人可能會認為，月稱總體破除「各種名言認知（conventional knowledge）是量」的主張。然而，這種想法將牴觸月稱清楚的聲明：「我以四種『量』來安立世間所通達的各種意義。」[8]

如宗喀巴所解釋的，月稱的觀點在於正量的名言認知（名言識）確實是有的，但不是所緣境透過其自性而存在的認知。更確切地說，名言心（conventional mind）對於所緣境的了解是虛妄的（false），這才是重點。[9]桌子並非勝義真實，它確實存在，但是它並非以其表面所顯現的樣貌存在。當我們進行觀察式的探尋，尋找這個顯現為獨立存在的桌子時，我們無處可尋。因此，桌子是存在的，但在此同時，因為它不是以其顯現的樣貌而存在，因此它是「虛妄的」。[10]這些名言的、虛妄顯現的所緣境（確實存在的境）即是名言認知的境。如我們上述所討論的，虛妄地顯現在我們的感官之前、名言所緣境的可靠知識，對修行之道是不可或缺的。唯有當智慧與慈悲、善行結合時，我們才能透過智慧找到究竟的解脫，圓滿佛果。慈悲的心必須執取飽受痛苦的眾生，而這些眾生當然會虛妄地顯現，彷彿他們是於境之上、獨立的真實（real）。隨著愈來愈深入地了解空性，我們就愈來愈不信任這種「錯亂顯現」，但是在我們成佛之前，「錯亂顯現」都會一直存在。[11]

這是一個奇怪的真諦，但它是事情的關鍵：我們從感官獲得世界上一般事物的可靠資訊，即使感官在此同時受到欺惑，而未真正了解這些事物真實存在的方式。為了釐清這一點，宗喀巴及其追隨者會說，例如我們的眼睛與耳朵是「錯亂」（mistaken；藏'khrul ba）而非「顛倒」（wrong；藏log pa）[12]的。它們之所以會錯亂，那是因為它們持續不斷地把所緣境的影像呈現為實體、自性、獨立地存在的事物。[13]它們之所以是「可靠的」而非「顛倒的」，那是因為它們顯露的顏色、聲音、形狀、味道、氣味與質地確實存在。[14]

你可能會認為，既然「名言識」是知識的可靠來源，既然它們認知事物以自性存在，那麼就名言義而言，事物確實以自性存在。在這個觀點之上，事物於勝義中無自性，但是在名言中，我們藉由事物擁有的不同自相來區分桌子與椅子、紅車與藍車。[15]宗喀巴論辯道，這是自續中觀師清辨的觀點，並且繼月稱之後，也排斥這個觀點。要好好了解這一點，並非易事。如宗喀巴所說：「由於我們即使在名言中也要破除自性，所以要安立種種名言境似乎非常艱難。」[16]或許想到許多與他同一時代的西藏人，宗喀巴補充說道：「這使得許多人因而墮入一種極大的誹謗惡見之中。」[17]

桌子、汽車與補特伽羅存在於名言中，對宗喀巴而言，說某件事物存在於名言中，代表這件事物確實存在，因為它被一個可靠的心尋獲，例如一個可以認識形狀且未受損傷的眼識。在勝義觀察之下，我們找不到桌子等事物，因此它們不存在於勝義中，但是如我們所了解的，它們完全不受觀察所破除。[18]在另一方面，自性或自相等見解卻為觀察所破除。自性完全不存在，因此，即使在名言中，它也不存在。

對大多數人來說，要我們在開始研究時，立刻就要了解這一切，實在負擔太大。在試圖理出頭緒時，我們總是要記住一個重點：緣起是平衡點，即是中道。一件事物依仗另一件事物而生起，我們的選擇影響後果。每件事物之所以精準地在某個時刻生起，不是因為它獨一無二的自性，而是因為它與一個廣大的因緣網絡的關係，在這個網絡之中，每個交結點都是無自性的。

## 事物生起的方式

龍樹用來破除「自性有」的一個論證顯示：事物不「自生」（從自己本身生起）、不「他生」（從其他事物中生起）、不「共生」（從自身與其他事物共同而生）、不「無因生」（毫無原因地生起）。龍樹與月稱清楚地指出，即使在名言中，這四種「生」（production）也都受到破除。[19]在這個情況下，宗喀巴要如何幫助我們閱讀這些中觀作者的著作，同時仍然容許與保護「緣起」？

宗喀巴解釋，龍樹與月稱是破除在觀察下，仍然可找到的「生」的見解。相信「真實生」（real production）或「真實有」（real existence）的人認為，這些事物具有某種可尋的自性。當我們提出所有的可能性並加以分類整理之後，應該就能發現「生」是如何發生的。然而，在仔細觀察每一種可能性之後，我們無法找到能描述一件事物如何從另一件完全不同的事物中生起之機制，其他三種可能性（三種「生」）也是如此。

只在名言中存在的事物，依仗其他只在名言中存在的事物而生起，它們生起的方式既可靠又神祕。它之所以可靠，是因為我們可以指望某種緣會生起某種結果，例如生火不會讓東西降溫；梨子的種子不會長出蘋果樹。我們可以從世俗的與科學的層面來分析、解釋這些事物為何會如此。

但是，它也非常神祕難解，因為即使我們努力去分析與分類，對緣起如何運作終未能一探究竟。例如，假設我們認為「生」是諦實（truly real）的，可被視為如它所顯現般地存在，因為事物從另一件事物生起。我們或許會認為，「因」是一件事，其「果」則是具有不同自性的事物，它在空間上與「因」分離，在時間上則在「因」之後。但是，一個「因」是否真的能夠在不接觸「果」的時空下，帶出一個「果」？如果「因」與「果」兩者完全沒有接觸，那麼「因」如何能生出「果」？是透過某種干預的媒介嗎？那麼，我們是否會說那個干預的媒介的作用有如一個實際而立即的「因」？接著，讓我們假設，不論這實際而立即的「因」是什麼，它確實接觸了「果」。這是否表示在某個時候，「因」與「果」於同時、同處存在？否則，我們如何能說它們有所接觸？那麼，必定沒有某種干預的媒介嗎？另一方面，讓我們假設，「因」與「果」確實同時、同處出現而相互接觸，那麼，你是否能有一個不在「果」之前的「因」？事實上，如果它們必定要在同時、同處出現才能使一方影響另一方，那麼，要如何解釋它們真的是另一方？

宗喀巴主張，這種觀察破除自性的「真實生」。換句話說，它破除所有能夠在觀察下被發現的「生」的見解。它並未破除「唯生」（mere production，僅是生起）[20]，並未破除緣起。宗喀巴引用月稱的話來釐清這不是出自他的構想：

**諸法不是無因生，**
**不是大自在天所生，**
**亦不是從自生、他生或共生。**
**諸法是依緣而生。**[21]

月稱指出，藉由消去四種可能性（四種「生」），證明了「緣生」（dependent production，依緣而生）的論點。對月稱而言，這非常清楚地指出「唯生」——「緣起」之流本身——不是這四種「生」之一。[22]

這不是說我們需要去考慮更多的可能性，而是我們有一個選擇，可以解決這四種可能性。這四種可能性完全涵蓋任何可能的、在觀察之下可尋獲的「生」的種類——在我們心中所顯現的「生」。因為無法找到這四種「生」的任何一種，[23]所以我們知道，「生」在我們心中顯現的方式並非它實際存在的方式。當然，事物確實生起。「緣起」是指「此起故彼起」（this arises from that）的方式，無法禁得起勝義分析式的詳察，但無論如何，「此」還是會從「彼」生起。

宗喀巴引用月稱著作中的一個段落，其中一個論敵指出，「緣生」的事物「在四種『生』中是『無生』（not produced）」的說法相互牴觸。畢竟，如果它們是「緣生」，那麼它們就是「生」的。[24]月稱非常清楚明白地回應：「我們主張，仗緣而生的事物如同影像一般，並非從自性生。」[25]換句話說，破除四種「生」，即破除了任何種類有自性的「生」，都可以在觀察之下被找到。它破除有自性的「生」，但這並不表示事物「無生」，事物生起，因為它們是緣起。[26]

在這個段落之中，月稱自己添加了「自性的」這個字眼，非常清楚地表明他的立場，但是在極多的段落之中，龍樹與月稱刪除了這種具有釐清作用的簡別。[27]另一方面，宗喀巴對添加簡別語（限定詞）採取非常謹慎的態度，再進一步論辯它們的重要性。他引用大乘佛經的內容，證明佛陀自己的說法，即使在未詳加說明處，也有內含這些簡別語。例如，佛陀在《楞伽經》（*Descent into Lanka Sutra*；梵*Lankavatara-sutra*）中說道：「大慧（Mahamati）！應知我說『一切諸法無生』，即指它們是『沒有自性的生』。」[28]

## 善巧的教法

宗喀巴非常重視破除斷見者的論點這件事，因為斷見者對中觀的錯誤解讀已經在西藏普遍流傳。另一方面，原始的中觀作者卻比較重視破除與他們同一時期的佛教徒與外道實有論者與實事師的宗派理論。這些實有論者理所當然地認為，「生」或「有」（存在）必定是指具有經過觀察之後可被找到自性的事物。[29]當龍樹破除「生」時，他是在破除他的眾多讀者，也就是佛教內其他論師所提倡的那種「生」。[30]對那些論師而言，使用諸如「事物有自性的生」或「實有的生」這樣的表達是多餘的。

在極大的程度上，龍樹聽眾的實有論相應於我們會增益、誇大事物具有那種自性的俱生習性。因此之故，對今日的我們而言，龍樹的寫作風格實具有極大的力量。他猛力地切斷我們接受「錯誤顯現」的堅固習性，而這「錯誤顯現」即指我們見（無自性的）事物具有其客觀的自性。[31]

另一方面，我們今日的世界充斥著斷見論。如同宗喀巴同時期的人物一般，我們許多人也都需要被提醒，在徹底的空性之前，作出道德的抉擇是多麼可能、合理且必要的。「緣此故彼起」（independence on this, that arises）是指沒有任何事物於自身中存在，而我們的選擇至關重大，因為這些抉擇將形塑世界的未來。

## 【注釋】

(1)本章內容主要依據英譯本《廣論》第3冊，第13、15、24章。（譯按：漢譯本《廣論》卷18、19）

[2]「明」（clarity）是指以敏銳的眼光去看一切事物，把一切事物都了解得非常清楚、明晰。

[3]《廣論》卷17：「《三摩地王經》云：『眼、耳、鼻非量，舌、身、意亦非，若諸根是量，聖道復益誰？』」（頁630-631）

[4]《廣論》卷18：「世間皆非量，世無害真實。」（頁659）

[5]《廣論》卷18：「設若世間是定量，世見真實聖何為，諸餘聖道何所作，愚蒙是量亦非理。」（頁659）

[6]《廣論》卷18：「故無翳等內外錯亂因緣損害，諸根識等唯無明刀錯亂執取實無自性現有性境，此不能害無倒名言。」（頁662）

[7]《廣論》卷18：「謂離分別無錯亂識許為現識無錯亂者，謂於境自相如實而取，由五根現識量度自相，故色聲等自相是彼五現識之所量，五識成量之處，亦即五境之自相也。」（頁660）

[8]四種「量」即現量、比量、聖教量、譬喻量。《廣論》卷18：「《明顯句論》云：『故由如是四量，安立世間通達諸義。』」（頁662）

[9]「虛妄」是指色、聲等五種境實際上沒有自相或自性，但是在種種根識中卻見似有自相或自性。《廣論》卷18：「以世間見遣真實見，亦非正理。彼唯於世間立為量故，彼所緣義亦是虛妄欺誑法故。」（頁661）

[10]《廣論》卷18：「謂諸根識於五境自相，非是正量，以待五境所現自相是欺誑故。五境實空無自相，現自相故，如現二月之識。」（頁661）

[11]《廣論》卷23：「故小乘羅漢及八地菩薩，乃盡新薰錯亂習氣，然昔所薰錯亂習氣，當有眾多應淨治者，其後更須長時淨修。由修彼故，錯亂習氣無餘永滅，是名為佛。」

[12]「顛倒」（wrong；藏 log pa）意指違背常識正理的妄見，例如以苦為樂、以無常為常、以無我為有我、以不淨為清淨。

[13]《廣論》卷18：「欺誑之理，即住此相之事。現為餘相，謂色聲等五境，實無自相，於諸根識現有自相。」（頁661）

[14]《廣論》卷18：「諸無損六根，所取世共證，就世為諦實，餘就世立倒。」（頁662）

[15]《廣論》卷18：「清辨論師色等境，於名言有自相之性，破唯識師於遍計執。」（頁663）

[16]《廣論》卷19：「如是佛護論師及月稱論師宗中，雖於名言亦破自性，故名言諸義，極難安立。」（頁677）

[17]《廣論》卷19：「若未善知安立彼等離諸妨難，則於行品不能善得定解，現見多成誹謗惡見，故具慧者，應當善巧此宗安立世俗之理。」（頁677）

[18]《廣論》卷19：「其能安立色聲等之心，謂無損害眼等六識。故此所立義名言中有，非是正理所能破除。」（頁676）

[19]《廣論》卷19：「由破自他俱無因生，若能破生則四句生，雖於名言此宗說無，故於破生不須簡別。」（頁677）

[20]「唯生」是指「由如是因緣而生如是果」的「生」，而非指「真實生」的「生」。

[21]《廣論》卷19：「無因自在等，及從自他俱，非能生諸法，是故依緣生。」（頁678）

[22]《廣論》卷19：「又依緣生即能破除四句之生。」（頁677）

[23]《廣論》卷19：「故依緣而生之緣起，永離四邊。」（頁678）

[24]《廣論》卷19：「若謂既依緣生，豈非是生，云何說彼無生？若云無生，則不應說是依緣生，故此非理互相違故。」（頁679）

[25]《廣論》卷19：「若見緣起諸法自性皆不可得，以依緣生者，即如影像無性生故。」（頁679）

[26]《廣論》卷19：「若從緣生即無生，於彼非有生自性。」（頁679）

[27]《廣論》卷20：「阿闍黎耶未加簡別，總云『不自』而破其生。」（頁706）

[28]《廣論》卷19：「大慧！無自性生，我密意說一切法無生。」（頁679）

[29]實有論者即指執一切自性實有的外道，如數論派主張因果是一（自生），勝論派主張因果是異（他生），尼乾子主張因果亦一亦異（共生），自然外道主張諸法自然有（無因生）。

[30]佛教內其他論師即指一切有部的論師，此派論師認為緣生雖不是自性生，但四種「生」之中的「他生」是無過失的，所以主張由四緣（因緣、次第緣、所緣緣、增上緣）可生一切法。

[31]「堅固習性」即指無明。《廣論》卷19：「無明翳力緣諸事相，由不見彼此性即是離無明翳，聖人之境即立此性為彼自性。」（頁689）

第六章

# 勝義真實存在於名言中 (1)

如我們所了解的，空性（勝義真實）即是無自性。這種「無」是存在的，空性是存在的。我們通常把「有」（存在）與「實際顯現的事物」聯想在一起，例如，我們說：「在這個房間裡有一張椅子。」但是，「無」也存在，且有時是非常重要的。我在課堂上對學生指出，在這個教室裡存在著「『無』一頭大象」。如果沒有這種「無」，那麼，教室裡就會至少有一頭大象，這可能會妨礙我們當天授課與學習的計畫。因此，對課程能夠不受干擾地進行而言，「無大象」是一個相當重要的存在條件。

## 「無」（不存在）可以是重要的

然而，各個地方似乎都有無數個這種「無」，例如，在波多馬克河（Potomac River）「無」火星等等。在每個地方，除了當地少有的幾件事物之外，都存在著「無每件事物」。因此，對世界的運作而言，這些無限的「無」是必要的，但是從另一個意義來看，這些無限的「無」則是無價值的。我們可以開始為它們製作一本目錄，我們將永遠不會達到盡頭，而且也很明顯地，我們也不會在製作目錄的過程中變得更明智或更仁慈。它們何時才會是重要的呢？

讓我們以大象為例。假設某個學生開始產生教室裡有一頭大象的幻覺，他對這頭想像出來的大象所產生的情緒與行為反應，不論是恐懼、好奇或貪婪（大象具有價值），將無助於他與班上的其他學生。突然之間，一種特定的「無」的存在——教室裡無大象——就會變得極為重要。我們必須認真地思考這個問題：我們該如何幫助他，如何證明教室裡並無大象。對我們其他人而言，教室裡「無大象」這件事情是非常明顯的，但對他卻不然。

在某些方面，它就像這樣帶有自性，那看似以「境」的真實（objective reality）來攝持事物，但這種自性完全不存在。在每個地方都「無」這種自性，但是它本身卻未解釋為何它是重要的。每個地方也都「無」兔角與青蛙身上的鬃毛，唯有當某個人真正相信有其中一件事物，並因為相信有這些事物而產生苦惱時，這些考量才會生起。就自性的情況而言，宗喀巴的觀點在於，從無始的輪迴以來，我們串習著一種對於不存在特質的事物（即自性）所造成的誤認，這種誤認是極為深切的貪著，而且在這個貪著誤認的情況下，我們承受巨大的痛苦折磨。因此之故，空性（無自性）是我們能夠了解的最重要事物。對我們所有人而言，這種特定的「無」的存在，是極為重要的。

## 勝義真實存在於名言中

然而，在另一方面，「唯無」（mere absence）自性的空性不同於教室裡「唯無」一頭大象的空性，而且前者比後者重要。自性的空性是勝義真實，自性的空性是桌子的勝義自性，空性是杯子的勝義自性。空性不只是另一種「無」，它不是只像我的教室裡「無」火星那般，它是每件存在事物的勝義自性。這是因為當一個觀察的心提出問題：「這張桌子究竟是什麼？」然後進行深入的探尋時，結果無法在桌子裡找到任何核心或自性。這個看見或通達無自性的心，即稱為「勝義心」（ultimate mind）——了解諸法所依基礎（基）的心。它所通達的「無自性」，即是甚深的空性——勝義諦。

因為空性是每件存在事物的本性（final nature），所以無絲毫自性的空性即是勝義真實。這種真實非常重要，因為我們全都因為執著於自性而承受巨大的痛苦，但是這種真實並非稀有罕見而必須千里迢迢前去尋找的事物。這種勝義真實總是在每個時刻，立即顯現為每件事物的本性。而了解這個真實的智慧心，才是非常稀有而珍貴殊勝的。(3)

既然空性是存在的，而且即是勝義諦，你可能會假定空性本身存在於勝義（ultimate sence）[4]之中，但這種想法並不正確，因為每件事物只存在於名言之中。每件存在的事物都被包括在勝義諦（空性）與世俗諦（除空性之外的每件事物）二諦之內，[5]但是這二諦都只存在於名言中。為了能夠存在於勝義中，某件事物必須「堪忍觀察」（bear analysis）——透過勝義心探尋其存在的究竟基礎。[6]當勝義觀察的心注視一只杯子時，它只找到杯子的空性。當它注視著這個空性時，它找不到可稱為「空性」且有自性的「實事」（real thing，真實事物）[7]來作為一切的基礎。就如同所有其他存在的事物一般，空性也無自性。

在中觀佛教之中，這是一個甚深的重點。這不是在說，相較於某個本身是「真實」（real）的事物，其他的每件事物都是「不實」（unreal）的。其他的宗派教導這一點，但是在中觀之中，只有一個層次或種類的存在——「名言有」。一種特定的、以名言存在的法——空性，是完全無任何其他層次或種類的存在。在以名言存在的一切事物中，事物並無自己的、於自身中的存在，這即稱為「勝義諦」，因為它是由觀察事物如何存在於勝義中的心所證得的真諦。

## 持有「無見」

當勝義觀察的心發現事物無「自性」時，這種「無自性」並未因而被證實為一種新的自性。所以，當我們對空性有些理解時，必須抗拒於空性本身增益自性的衝動。為了提出警告，龍樹在《中論》中說道：

**勝者說空性能滅除一切執見（dogmatic view）。**

**但是，執著空見的人，勝者說他們無可救藥。**[8]

某些詮釋中觀傳統的西藏人與西方人，把龍樹提出的警告詮釋為中觀是一種徹底的懷疑論；在這種懷疑論之中，正見（正確的見地或觀點）即是完全地持有「無見」（no view，不持有任何見地）。在這個解讀之中，任何種類的宗見或立場都是執見，它可以透過看見空性而滅除。在此時，即使連持有「諸法自性空」這樣的見地，都是一種執見。[9]

宗喀巴提出異議：「執著空見並不表示執持『諸法自性空』的見地。」「諸法自性空」的見地是看待事物的正確方式，正是這種稀有而珍貴殊勝的理解，將使我們解脫。相反地，執著空見是一種於空性本身增益自性的見地，它無法認知即使連空性都空無任何自性。持有空性的執見，代表我們把空性視為「實有」（truly existent），把它視為某種於自身中存在的特殊事物。[10]

為何許多人不像宗喀巴那般，反而堅持把中觀視為一種認為一切見地皆是惡見的懷疑論？其中一個原因與含糊不清的翻譯有關。[11]西藏人以「lta ba」（view，見）來翻譯兩個非常困難的梵語「drshti」與「darshana」。「drshti」有執見、分別見（speculative view）[12]、惡見（bad view）[13]或邊見等含意，它通常含有負面的意涵。另一方面，「darshana」則純粹是指宗見。龍樹告訴我們，空性可以滅除所有的「drshti」

而非「darshana」。我們需要空性宗見（shunyata-darshana），而這種見地不是執見（drshti）。我們需要理解空性，而不是為它增益自性。我們需要理解勝義真實，在這種理解之中，即使連勝義真實都只存在於名言中。

另一個中觀論「無見」（no view）的依據是龍樹在幾個段落中，破除以下幾個立場：（一）有（存在）；（二）無（不存在）；（三）亦有亦無（既存在亦不存在）；（四）非有非無（既非存在亦非不存在）。有時，這四個特定的準則被稱為「四句」（tetralemma），某些西藏人主張破除「四句」代表正理破除一切。這個論證的重點在於，對於諸法的見地或立場，沒有任何一個是中觀師可以採取、持有與辯護的。[14]

如你可能預期的，宗喀巴不同意這種解讀。他解釋任何「四句破」（tetralemma refutation）所作的正理詮釋，都需要認知到其中有一些內含的簡別。[15]它挑戰這樣的正理：人可以在沒有任何簡別，以相同的意義與沒有任何簡別語的情況下，就同樣的主題來破除「存在」（有）與「不存在」（無）這兩件事，它是相互矛盾的。再者，假設你確實破除「存在」與「不存在」這兩個立場，那麼你如何能破除第四個立場——事物既非存在亦非不存在（非有非無）。如果你是在破除「存在」與「不存在」這兩個立場，那麼這與你說「事物既非存在亦非不存在」是一樣的。[16]宗喀巴堅稱，連與頑固地堅持自我矛盾聲明的人辯論，也是毫無意義的。[17]

有自性的「實事」完全不存在，甚至在名言中也不存在。另一方面，事物確實是「唯有」（僅是存在）的，因為它們存在於名言中。沒有任何事物存在於勝義中，因為如我們上述所討論的，沒有任何事物能禁得起探尋其存在之究竟基礎的勝義觀察。中觀見或中道即是「離於『有』、『無』的二邊（極端）」，但這並不表示宗喀巴破除事物是「存在」與「不存在」兩件事。他破除任何這樣的想法：事物如其顯現在我們之前的那般存在——事物顯現為於境之上的真實（real），且是以自性成立的。但是，事物是相互依存的，它們存在於名言之中。宗喀巴破除「桌子與椅子完全不存在（畢竟無）」的任何想法，但是他認同有自性的「實事」是「畢竟無」的。

類似「四句」這樣的論證幾次出現在龍樹的著作之中；宗喀巴指出，讀者必須對每個例證的意義抱持謹慎的態度。被「四句」所破除的事物是「實事」嗎？它們是以自性存在的事物嗎？或者它們只是於名言中「唯有」的事物？某個遵循宗喀巴的人可用以下這種方式來解讀「四句破」：（一）我們破除「事物存在於勝義中」的增益見；（二）我們破除「事物不存在，甚至不存在於名言中」的斷見；（三）我們破除「事物於同一義中既存在亦不存在」（亦有亦無）；（四）我們破除「事物於同一義中既非存在亦非不存在」（非有非無）。

或者我們可以說：（一）我們破除「事物是有自性」（有）的見地；（二）我們破除「事物是無自性」（無）的見地；（三）我們破除「事物是既有自性亦無自性」（亦有亦無）的見地；（四）我們破除「事物是既非有自性亦非無自性」（非有非無）的見地。事物存在與否並非在於其自性，因為它們並無自己的自性，它們皆是緣起。[18]

## 事物的本性

宗喀巴使用「自性」（nature，藏rang bzhin）一詞，有數個不同的意義。在某些地方，它代表事物的一般性質，例如火的暖性，讓我們的世間慧（conventional wisdom）能夠區分事物與事物之間的不同。「自性」也常指一種自性存在的自性——一種自性存在的體性，事物藉由它便可以透過自力而於自身中存在，這即是我們的所破境。事實上，這樣的自性完全不存在，但是因為我們無知地計執這種自性存在的想法，便注定受縛於輪迴的痛苦之中。再次地，從第三個方面來看，「自性」有時是指一切諸法的本性或勝義自性——空性。就此意義而言，本性（無絲毫自性）一直都存在，而且存在於每個地方。所以，根據其文脈，「自性」一詞有以下幾個意義：（一）名言存在的性質，例如火的暖性；（二）境自性有（objective existence）：事物藉由其自體或自性而客觀存在；（三）究竟與勝義的真實（空性）。

龍樹的《中論》教導，自性是「非新作，及不依他」（並非被造作，亦不依仗其他事物）的事物。[19]在此產生一個問題：龍樹此時所指的是否為自性（這種自性完全不存在）或勝義自性——勝義真實，它是無自性的。月稱解釋，它是後者。月稱寫道：

> **有如龍樹阿闍黎所聲稱的、具有這種簡別（非新作，及不依他）的自性嗎？有的，它是薄伽梵（Bhagavan，佛陀）廣為宣說的「法性」**

（reality）：「不論如來（tathagatas，諸佛）出不出世，諸法法性常住。」……它是存在或不存在？如果它不存在，那麼諸菩薩修習六波羅蜜多道軌還有什麼意義？為何諸菩薩要歷盡百般艱難而求證法性呢？[20]

空性是存在的，它並不是一種隱喻或其他的比喻說法。如龍樹所說，空性作為真實的勝義自性，它是「非被造作的」（not fabricated）。宗喀巴解釋，這意味著空性不是被「生」出來的，它並非於之前不曾存在，而在某個特別的時間點上就存在的。換句話說，事物一直都無任何能力可於自身中存在，它們一直都具有這種空性作為其根本的自性。龍樹也說，真實的自性「不依他」——不依仗其他事物或「緣」；宗喀巴解釋，在此龍樹是指唯有作為諸法自性的空性，是不依仗某些「因」而生起或無法生起的事物。諸佛或許出世或不出世，也就是說，諸佛的出世與否在某些方面也要依仗一些因緣。但是就法性本身而言，這不是真實的。「真實的自性」是指諸法必定是「空」的，一直是「空」的，且全然空無任何自性。

作為真實之本性的空性「不依他」的這個想法，看似在暗示空性是存在的，而且確實於自身中存在。其他每件事物都無自性，但是如果空性能不依仗「因」或「緣」而存在，那麼不就表示它是獨立存在的嗎？所以，它必定不是透過自己自性的力量而存在？

宗喀巴斷然地否定這種想法，並且強調：「甚至連法性——勝義諦，也都全然無自性。」[21]他引用月稱的說法，這個本性「它既非本來具有這種本性，亦非本來沒有這種本性」。相反地，它「存在於名言中」。[22]若無空性，佛道就會了無意義，因為其中將不會有解脫的勝觀。[23]另一方面，如果空性於自性中存在，那麼當把空性本身當作考察的所緣境時，我們應該會發現空性確實作為其自性而存在。相反地，我們發現空性本身如所有其他諸法一般，是「自性空」。

雖然作為勝義自性的空性不依仗「因」或「緣」，但是它仍然只會與其他諸法相互依存。對宗喀巴而言，空性如同所有其他諸法般，都需要依仗心，而這個心能認知空性，並且通達「空性是存在的」。宗喀巴描述，當我們第一次證得空性時，空性如何顯現為某個其他法的「差別法」（attribute，屬性與特徵）。我們透過正理而理解：「這張桌子是自性空」，儘管這是充滿力量的定解，但它卻是透過一個空性的影像（conceptual image）[24]而被修習。我們尚未直接證得「真勝義諦」（actual ultimate truth）——空性。[25]後來，在修行之道上，諸菩薩透過結合「止」（專注於一境的定）與「觀」（觀察）的禪修，而熟悉於空性。這種熟悉達到最終，即是直接、無二的空性「意現量」（mental perception）[26]的甚深體證。這個勝義心完全切換到B頻道（空性電台），全無世俗法的顯現，這是宗喀巴所說的「真勝義諦」。換句話說，菩薩在此時不會想「我正在證得空性」或「喔！空性真的存在。」在此時，只有空性顯現。

所以，宗喀巴主張，唯有從其他的心——名言心——的觀點來看，空性可被認知為桌子的法性（real nature），甚或是一種存在的事物。唯有跟隨在證悟勝義之後的名言心才可以回顧空性的甚深體證，並且了知「空性存在；空性是勝義諦。」因此，唯有世俗心才可以安立空性的存在，但是這個世俗心並非普通的世俗心，而是一個殊勝的世俗心。

## 他空性

宗喀巴對破除一個關於勝義諦的特定主張，也極為重視。這個主張與「他空性」（emptiness-of-other）的教法有關，該教法因為喜饒・堅贊（Shay-rap-gyal-tsen，1292-1361）之故，而在西藏廣為流傳。如宗喀巴在他的《廣論》裡所描述的，這個見解認為勝義諦本身透過其自力於自身中而勝義存在。這種甚深的、勝義的真實並非自性空；相反地，從它空無世俗法的意義來看，它是「空」的。

宗喀巴描述這種見解：

> 他們認為必須破除那令一切眾生繫縛於生死輪迴的根本——我執，他們接著又主張，你不是透過通達被我執妄計為「我」的〔色等〕「差別事」（事物的本體）並無自性而破除我執；相反地，你是透過了知其他無關的實有法，來破除我執。[27]

雖然喜饒・堅贊引用眾多佛經與密續來支持他的教法，但是宗喀巴卻指責這個「他空見」（emptiness-of-other view）超越任何佛教經典的範圍。[28]宗喀巴以譬喻來表達這種見解的荒謬：

**假設東方沒有蛇，但是某個人卻認為東方有蛇而感到惶恐不安。你對這個痛苦的人說：「你無法在腦子裡想『東方完全沒有蛇』來停止有蛇的想法。相反地，你應該想『在西方有一棵樹』，這將停止『東方有蛇』的想法，並結束你的痛苦。」**[29]

「西方有樹」代表他空性教法的勝義真實。如宗喀巴所見，修習這個教法，純粹會使人的心散亂，完全不會解決我們真正的問題：毒蛇是自己與周遭尋常事物的增益執。宗喀巴說，我們需要去做的是，使用正理去攻擊、去滅除無明妄執諸法為實性的方式，正是這個無明將我們與其他眾生繫縛在生死輪迴的痛苦之中。[30]修習其他無關的事物如何能夠幫助我們？因此，宗喀巴建議，我們要遠離這種教法。[31]

不論我們是否同意宗喀巴對他所了解的「他空見」所作的嚴厲評論，我們可以了解，這些評論是宗喀巴獻身他的核心思想的自然產物。我們應該謹慎地去認清心究竟是如何誇大我們自己與其他事物的真實（reality）。接著，依止於龍樹的著作，我們必須謹慎地破除這些扭曲的見解，對自己證明事物不是如我們所認知、所計執的那般模樣。

宗喀巴告訴我們，沒有其他通往解脫的道路，唯有透過觀察的過程，進而證悟我們的觀察，才能獲得解脫。我們將永遠不會發現任何絕對的真諦（absolute truth）或神祕的體驗，可免除我們從事這項工作的需要。[32]

## 【注釋】

(1) 本章內容主要依據英譯本《廣論》第3冊，第15、16章。（譯按：漢譯本《廣論》卷19）

[2]《廣論》卷23：「謂從無始來著有自性。由彼耽著薰習內心，安立令成堅固習氣，由彼習氣增上力故，實無自性。」（頁792）

(3) 我在此所作的評論是以格西拉登（Geshe Rabten）針對《心經》所作的論釋為基礎，摘錄於琴恩・史密斯（Jean Smith）編輯的《光燦的心》（*Radiant Mind, Riverhead Books,* 1999），頁183。

[4]「勝義」便是由「第一」與「義」兩詞合成，由於「空性」是「義」也是「第一」，所以稱為「勝義」。《廣論》卷20：「勝是第一之異名，略云勝義。謂此是義，復是最勝，故名勝義。」（頁707）

[5]《廣論》卷20：「《佛護論》云：『諸佛說正法，正依於二諦，世間世俗諦，及以勝義諦。』」（頁705）

[6]《廣論》卷18：「堪不堪忍正理觀察之義，謂以觀察真實之理，有得無得。如《四百論釋》云：『我等觀察唯為尋求自性故。』」（頁653）

[7]「實事」（real thing，藏 dngos po）是指真實、獨立存在的事物。在此即指「自性有」。

[8]《廣論》卷19：「諸佛說空性，為出一切見，若復見於空，說彼無可治。」（頁682）

[9] 例如，我們雖然不會對「無瓶」生起「確實有瓶」的想法，但是卻會生起「確實無瓶」的想法。

[10]《廣論》卷19：「此說見於空者，非說凡見自性為空，是說於性空之空，執為諦實或見為實事。」（頁682）

(11) 大衛・雷格（David S. Ruegg）的《印度中觀派哲學之文獻》（*The Literature of the Madhyamaka School of*

*Philosophy in India*, Otto Harrassowitz, 1981），頁 2 - 3。

[12] 「分別見」即是把「自性」妄加於諸法之上的分別心。《廣論》卷20：「《四百論》云：『縛為分別見，彼是此所破。』其分別者，非說一切分別，是說增益諸法自性之分別。」（頁698）

[13] 惡見即指「五染汙見」：壞聚見、見取見、戒禁取見、邊見、邪見。

[14] 《廣論》卷19：「若謂中觀諸教典中，破一切事，或破自性有無二俱二非四句無不攝法，故以正理能破一切。」（頁680）

[15] 即必須以加上「自性」作為簡別。

[16] 《廣論》卷19：「若未能加如此簡別而破四句，破除有事及無事時，作是破云：『俱非彼二』，次又破云：『亦非非二』，是自許相違。」（頁680）

[17] 《廣論》卷19：「雖知如是而云無過，強抵賴者，我等不與瘋狂共諍。」（頁680-681）

[18] 《廣論》卷18：「若未如是分別全無與無自性，有性與有之差別，而於破除有無邊時，但作是說『我非說無，是說非有，及非說有，是說非無』者，純相違語，非能略說中觀深義。由破他時觀察有無自性等而破，自亦現許彼二決斷。」（頁647）

[19] 《廣論》卷19：「自性非新作，及不觀待他。」（頁685）

[20] 《廣論》卷19：「論師許有如是差別行相性耶？世尊依何增上廣說，隨諸如來出不出世，諸法法性恆如是住，有彼法性。……離無明翳智所證性，為有此耶？誰云其無？彼若無者，為何義故，諸菩薩眾修習波羅蜜多諸道。為證法性，故諸菩薩發起如是多百難行。」（頁687）

[21] 《廣論》卷19：「若非由內心立其自性有，塵許亦無，於如此性，雖法性勝義諦亦無少許，況諸餘法！」（頁687）

[22] 《廣論》卷19：「然此亦非由自性有亦非全無，雖然如是，為令聞者離恐怖故，增益強說世俗中有。」（頁687）

[23] 《廣論》卷19：「此論意趣謂說眼等緣起本性，愚稚異生所能執取。若彼即是彼法自性，其性顛倒，為證彼故而修梵行，則空無義。由非即彼便是自性，故為見自性，修淨梵行則有義利。」（頁688-689）

[24] 影像（conceptual image）又作「義總相」、「義共相」，是指顯現於意識之中的意象，如想像中的瓶。

[25] 《廣論》卷19：「真勝義諦雖於法性所立性中，而可為有，然立此性非無新作及不待他，於自性體亦無少

許，故亦唯於名言說有。」（頁688）

[26] 意現量指五俱意識，即前五識緣色等境時所引生的意識，都是現量。

[27] 《廣論》卷19：「由許破除一切有情繫縛生死根本我執。然說通達我執所計我事無性，不能遣執，而說通達與彼無關，餘實有法，反能遮遣我執縛故。」（頁690）

[28] 《廣論》卷19：「此出一切大乘小乘經教之外。」（頁690）

[29] 《廣論》卷19：「譬如東方無蛇，妄執為有恐怖憂苦，為遣彼苦，而說令達東方無蛇，不能遣其蛇執，當令別執西方有樹，方能除遣蛇執憂苦，與此說者全無差別。」（頁690）

[30] 《廣論》卷19：「破除繫縛生死，一切衰損根本無明行相之方便，謂當依止建樹諸了義經及將經義不令向餘引轉諸正理聚。」（頁690）

[31] 《廣論》卷19：「諸自愛者，應當達棄如此邪執。」（頁690）

[32] 《廣論》卷19：「聖者龍猛父子論典，度越三有大海彼岸，由於所破破除邪執，是於得中觀斷除歧途，最為切要。」（頁690）

第七章

# 自性

(1)

當我們中觀師以正理破除自性時，我們在心裡對自己與其他人說事物就像這樣：「如果校舍透過它們的自性而存在，那麼它們就不會依仗因或緣。」或者我們可能說：「如果校舍透過自性而存在，那麼它們就永遠不會改變。」這些是駁斥自性的精彩論證，因為我們可以容易地緣取到事物會改變，以及需要依仗眾緣，而這些所緣（observation）確實與我們認為事物於自身中存在的想法相互牴觸。

然而，我們不應該因此而下結論：空性（事物無自性）的意義純粹是指事物是無常的，或事物需要依仗眾多的「因」。事物恆常不變的想法，是一個更普遍的邪分別，抨擊這個看法比抨擊事物擁有自性的看法來得容易。我們必須從比較容易理解的事物著手，再進入最深刻、最細微的所破境。[2]

## 遮破不足

讓我們舉另一個例子，事物除了自己的「因」之外，也依仗它們的支分。我們可以從身與心來觀察所執取的每一個所緣境，把它分解成聚合的支分。例如建築物由磚塊所構成；磚塊由岩石的碎片所構成；每個小碎片是由數十億個分子所構成；每個分子是由更小的原子聚合而成。每件事物都是由這些極微（particle）[3]所構成，它們無法再進一步地分析成為任何種類的聚合，我們可曾獲得這些根本的、無法再分割的極微或一組極微？

某些小乘佛教的論師[4]說：「是的，我們可以。」他們把元素的極微分類，並且視它們為勝義真實（ultimately real）、無法分割。他們把例如桌子等的其他每件事物皆視為是名言的，因為它們只是我們用在可分割的聚合體（極微的聚合體）上的名稱。

中觀師與其他大乘佛教論師一起破除「無方分微塵」（partless particle，無法再分割的極微）的見解。[5]如果一個物品佔據一個空間，那麼我們可以想像這件物品的東側與西側，這東、西兩側是該物的支分，所以不論極微有多麼地微小，都並非不可分割。它是支分的一個聚合體。另一方面，如果極微完全不佔空間，那麼，我們如何能夠使用它來製造像桌子這樣的聚合體？即使我們擁有數十億個或數兆個極微，如果每個極微都不佔空間，我們將永遠無法建造一個可見的、有形的物體。

因此，中觀師可能會使用另一個論點來駁斥自性：「如果校舍透過其自性而存在，那麼它們就不會依仗支分。」去看校舍依仗支分，要比證得它們的空性容易，因為依仗支分肯定與事物於自身中存在的錯亂想法相互牴觸。但是再次地，光是通達事物需要依仗支分，與證得事物的空性仍然是不同的。[6]

重要的是，我們要非常清楚地知道事物不斷地變化，它們需要依仗「因」與支分。這種智慧能保護我們遠離錯亂的宗見，並破壞我們去執著的習性，甚至更重要的是，這些理解帶領我們進入更深刻、能使我們解脫的真諦：「諸法皆空」。我們不是天生就懷有「無方分微塵」或「不可分割的建築塊木」等想法，也不是天生就有一個無因生的大自在天能使這個世界存在的想法。這些想法透過文化而養成，它們不是使我們身陷生死輪迴痛苦的根源，它們純粹是從那個根源獲得養分而生長出來的枝幹。如果我們只修剪一些枝幹，新的枝幹將會再生長出來。[7]

宗喀巴針對這個論點提出相當強而有力的雄辯。如果我們所有人的思惟與正理都集中在破除由文化養成，與此或彼宗教、宗見有關的分別執著之上，那麼我們將不會觸及根本的俱生無明（innate ignorance），而這種無明才是我們痛苦的真正根基。[8]如果說某人之所以覺悟，那是因為他們在修習中證得無元素的極微或無大自在天，這是相當荒謬可笑的。[9]我們之所以痛苦，那是因為一種根深柢固的、頑劣的、影響力周遍的邪分別，即我們透過自性而存在的邪分別。如同外科醫師為我們動手術一般，我們必須以正理與修習，斷除使我們痛苦的根因。

## 真正的所破境

汽車與桌子、人與學校無任何可經過觀察而尋獲的自性，這並不表示他們不存在。

他們顯然是存在的，但是當事物本身無絲毫的存在時，它們本身能夠有什麼種類的存在？如我們已經了解的，事物依緣起而存在，諸法唯有透過與其他（等同「空」）的法彼此連結，才能夠存在。

通常，當我們說到緣起時，彷彿緣起只是「果依仗因緣」的簡略表達方式。然而，緣起也包含這些想法：「全體（whole）依仗其支分」、「一切諸法依仗心的假名施設或安立」。例如，火的生起依仗柴薪作為因緣，但是心確認柴薪是一種可燃物，在此基礎上，心於是想：「有柴薪。」同樣地，汽車是由汽車零件所構成，但因為心考慮到零件與真實的或可能的汽車之間的關連，這些零件於是受到心的認知與安立。在中觀之內，「緣起」一詞包含「一切事物依仗分別假名而存在」的見解。[10]為了解宗喀巴對自性所抱持的立場，我們必須了悟正是這個種類的緣起是最關鍵且重要的。「自性」是最根本的所破境，為了確認「自性」的精準意義，這個種類的緣起是我們必須探索的事物。

當我們謹慎地別遮破過度或遮破不足時，我們的正理對事物的究竟遮破是什麼？宗喀巴確認這個真正的所破境是：「事物各自具有其本性的存在形式，而非由自心的勢力所安立。」這就是我們所指的「我」或「自性」。[11]無絲毫「我」或自性，即是空性。因此在實際上，理解空性代表理解事物除了依仗能假立它們的心之外，並無其他的存在形式。[12]

這難以理解，而且我們可以看到，這完全不是我們一般認知世界的方式。在教導這個要點時，我開始在黑板上寫一個大大的字母「A」。我問學生：「這是什麼？」他們會說：「A。」但是這個「A」的本體（identity）從何而來？它來自粉筆的粉塵嗎？它來自字母左斜線的形狀嗎？或來自右斜線？或來自位於字母中央的橫線？很明顯地，在黑板薄薄的板面上，沒有隱藏的內部可以讓字母「A」的「A」自性住在裡面。字母「A」是我們正在創造的事物；它是一種存在於我們之間、未言明的共識。我們以一種特定的形狀來辨識、假立「A」，它是一個名言。

一旦我們認知到自己在其中所扮演的角色，那麼注意到這是一個持續不斷、不自覺的假立過程，是很重要的。當我們首先注視黑板，在進行觀察之前，我們有一種正在看著某個事物在那裡自行存在為「A」的強烈感覺，它彷彿正在清楚地放送廣播它是「A」的訊息。我們感覺自己是一個消極被動的訊息接收者，接收從黑板向我們投射出來的訊息。(13)

只有當我們開始探問「A究竟是什麼」時，這種感覺才會改變。我們發現，除了自己的參與之外，字母「A」本身全無自性的、獨立的本體，但是儘管如此，它卻不可思議地具有運作的全副能力。它發揮語言文字的作用；它在測驗中發揮評級的作用。即使那個我們不自覺賦予它的「境自性有」（客觀存在的實體自性），也無蹤跡可循，但它仍然把其職責發揮得淋漓盡致。這似乎難以理解，甚至令人感到困窘，因為我們深深地習慣於這樣的想法：事物如果要成為真實（real），並能運作，事物就必須是客觀（境）的，並以自性存在。

金錢是另一個發揮相同作用的例子。我從口袋裡掏出一張一美元紙幣，我第一眼看著它，它是客觀的、獨立的、真實（real）的一美元。某些人有意或無意地覺得當談到金錢時，我們終於是在處理世界根本的真實（reality）。當然，如同字母「A」一般，美元——具有美元價值的紙幣或硬幣，也完全只是一個名言。貨幣市場追蹤這些名言不斷變換的意義，美元並無自性的、客觀上的價值。但是我們仍然花錢！世俗真實發揮著作用。(14)

宗喀巴舉例：在黃昏時分，某人看見一條繩子，誤把它當成一條蛇。假設我們不理會任何可知的、關於那個看見蛇的人的觀點，[15]反而去問：「那條蛇的本質是什麼模樣？」這是荒謬的。我們無法開始討論蛇的特徵，因為事實上那裡根本沒有一條真正的蛇。類似地，假設我們不理會自己對人們、汽車、桌子等在一般的、正量的名言識如何顯現，而追問：「這些事物如何自行存在？它們本身是什麼樣子？」沒有任何事物是純粹客觀的，沒有任何事物可完全自外於心，而可被我們指出所在位置。

這些人與汽車不像幻覺產生的蛇，它們確實存在，但是它們完全不是自行存在。然而，對我們的感官來說，它們並未顯現自己並無獨立的存在；相反地，它們看似在那裡自行存在。這種把事物（尤其是自己）視為具有這種客觀的、自在之存在的愚痴，便是輪迴三有的根源。這種愚痴認為事物自行存在，具有其自然存在的方式。宗喀巴說，這種無明的心「執著諸法在本身之中，各自具有某種非由名言識的勢力所安立、可被認知的存在形式。」[16]

不論我們知道或談論什麼，它都已經是一個被人認識的事物（thing-as-it-is-known）——一個被心計執的事物。我們無法談論或認取獨立於心之外而於自身中存在的事物，或以在邏輯上而言，先於任何種類的概念分別而存在於心之外的事物。對宗喀巴而言，這是因為事物離心之外，於自身中並無自性。當我們不理會事物如何在心中顯現的觀察，而試圖去觀察所緣境的本身時，我們很快就會了悟到自己無法指出任何東西。這不完全只是因為我們碰巧困在無法走出自己的外殼，對真正受到質疑的「實事」採取客觀之觀點的情況中。這是因為受到質疑的事物——我們想要知道的事物，已經是我們正在計執、探問的事物。當我們完全不理會自己的心的參與，而探問事物於自身中如何存在時，我們永遠找不到絲毫的事物本身（thing-in-itself）。以此方式對「諸法皆空」所作的理解，與無明看待事物的方式正好相反。

## 心與世界

我們通常假設，世界已經是而且一直是充滿真實（real）的且獨立於我們的心之外，在那裡等待心的探照燈去揭發它。事實上，我們的心時時刻刻都在共同創造世界。

這不表示幻覺產生的蛇與人、汽車、桌子具有相同的地位，把繩子虛妄假立為蛇的確不存在，但是桌子與人確實存在，因為它們擁有一個正量的、名言的存在。這是一個非常重要的區別。假設我非常想要黃金，我可能看見一道彩虹，並受到渴望黃金的影響，而心想：「我將會在那裡找到一鍋黃金。」在本質上，這有如看見一條繩子，並且因為出自恐懼，而相信繩子是一條蛇。在那些地方完全沒有蛇、黃金，但是有繩子、彩虹。這些事物存在於名言中，我們可以適當地假立它們，而說：「它在這裡。」它們會發揮作用。

思量「夢」的例子，是釐清這個要點的另一個方式。在夢境之中，顯現在我們心中的境受到睡眠的影響，無法發揮它們所顯現具有的功能。在夢中的杯子無法盛水，槍無法發射致命的子彈；在夢中顯現的水無法解渴，子彈無法殺生。槍顯現於其上的夢心（dream mind）因受到睡眠的損壞，並非「名言量」的心。同樣地，如果我因眼疾而看見天空上有兩個月亮，我並未因此而創造第二個月亮。或者以字母「A」為例，如果我未戴眼鏡而注視黑板，心想它是一個「N」，這肯定不會把「A」變成「N」。另一方面，當我們未受損壞的視力捕捉到一個確定的字形，這個字形是正確的「施設處」（basis of imputation，安立的對境），於是我們心想：「A」。這是足夠的，只要如此，字母就能夠在我們的語言中或在學校的評分系統中，發揮其作用。[17]

因此，我們可以認知「諸法依仗心」的想法，不會摧毀「名言有」。在此同時，它肯定不只是我們談論已知的事物的另一種方式，它會讓我們對世界的尋常看法受損。讓我們以那條蛇為例，當某人看見一條繩子，而把它遍計[18]成一條蛇時，在那條繩子裡完全沒有蛇。但是即使其中確實有條蛇，我們也認知那條蛇，但是這條我們所認知的蛇也完全不存在，它就如同繩蛇（rope-snake）那般不存在。思惟這一點是甚深而重要的。當我們認知它時，蛇「有自性」，它顯現在我們心中，成為於境之上真實的、存在於自身中的事物，而此時此刻，這樣的一條蛇完全不存在，而且它從未能夠存在。因此，當我們覺得在證實事物顯現的一般方式上，宗喀巴所強調世俗真實的正量正把我們拉得太遠時，我們可以回憶：蛇與繩子同樣皆沒有我所認知、相信、恐懼的那種蛇；桌子完全不是我相信的那種桌子。人們存在，但是人們正如同我現在計執他們一樣，從來不存在，也永遠不存在，甚至連最輕微的程度也不存在。

不像一些佛教宗派，宗喀巴的應成中觀派確實主張有一個完整運作的外在世界，一個存在於我們的心之外的世界。然而，在此同時，應成派也強調這個外在世界完全依仗心識。例如，當一個神、人或鬼各自注視一碗液體時，神視其為甘露，人視其為水，鬼則視其為膿與血的混合物。每個眾生根據她個別的感官與意根，正確地認知那碗液體。除了各個認知者的正確觀點之外，我們無法談論碗裡盛的究竟是什麼。某些佛教宗派使用此例來顯示完全沒有外境，而應成中觀派則認為，就外在而言，甘露、血液與水確實存在，但是只有在依仗心假立它們時，它們才是存在的。從不同卻正確的觀點來看，這三種液體都可以同時存在，不相互混合。

當我教導這個要點時，我有時會指著附著在教室角落裡的小蜘蛛。在此時此地，我們與這些小蜘蛛一起存在。我們每個人都具有健康的心與感官諸根。我們對切身環境的「現前知」都是正確的，但是這些認知是如此地迥異，因此難以彼此理解。我們在那裡看見的那個究竟是什麼？

或者讓我們想一想蹓狗這件事。我與狗一起走在街道上，在狗的「現量」（valid perception）[19]與我的「現量」之間，只有部分的重疊。我們有情眾生全都居住在運轉的世界中，而這個世界透過我們個別的意根與感官諸根的完整運作而生起；這些世界在我們的心的外部，但是從未獨立於心之外。因此，我們的經驗世界以令人驚奇的方式，以無限複雜的模式貫穿重疊。事實上，如果每件事物真的透過它的獨立性與自性而於境上存在的話，那麼這一切都完全會是不可能的。

## 【注釋】

(1) 本章內容主要依據英譯本《廣論》第3冊，第16、17章。（譯按：漢譯本《廣論》卷19、20）

[2]《廣論》卷19：「雖中觀論多難彼云：『若有自性，應不待因緣及不變等』，是就能遍說彼過失，非就所破當體而明。」（頁685）

[3]「極微」又名「極微塵」、「極細塵」。是物質色法最後不可分拆的極小單位。

[4] 即毘婆沙師與經部師，他們承認極微是實有的。

[5]《廣論》卷19：「如是若勝義有等，雖應許為無方分法，然非無方分法即本所破，以彼唯是宗派妄執不共假立，此執非諸有情繫縛生死之本故。」（頁685）

[6]《廣論》卷19：「又雖抉擇彼無自性極善修習，然於無始無明妄執全無違害，即使究竟現證彼義，然終不能遣除俱生諸煩惱故。」（頁685-686）

[7]《廣論》卷19：「破人我時，惟破常一自在之我；破法我時，唯破無分極微所取，及破能取無分剎那，並破具三差別自性等宗派假立諸法，於一切種決定不可。」（頁686）

[8]《廣論》卷20：「若拔無明所執之境如拔樹根，則由邪宗一切假立一切俱斷，故具慧者當知俱生無明所執之境，為所破之根本，不應專樂破除宗派妄計分別。」（頁699）

[9]《廣論》卷19：「故修已觀證及修究竟亦唯應爾，如是由見無彼分別執計二我，便謂已斷俱生煩惱，大為過失。」（頁686）

[10]《廣論》卷17：「若緣起所生，即說彼為空，即依他假設，亦即是中道。」（頁635）

[11]《廣論》卷20：「謂於諸法或補特伽羅，隨一之境非由自心增上安立，執彼諸法各從自體，有本住性即是其相。如彼取境之諸法本體，或名曰我或名自性，是就假觀察而明。」（頁699-700）

[12]《廣論》卷20：「如是諸法，亦唯於名言識，如所顯現觀察安立，若於境上觀察諸法本性如何，全無所有。」（頁700）

(13) 這個「A」的例子採自傑弗瑞．霍普金斯所著之《密續之特徵》（*The Tantric Distinction*, Wisdom Publication, 1984），頁16-18。本書中的一些其他例子，也很有可能是我從傑弗瑞那裡聽到之後，加以挪用內化。

(14) 這個段落受到格西拉登的著作《深見之歌》（*Song of the Profound View*, Wisdom Publication, 1989）的啟發。這本著作包括數個簡短的偈頌，以及格西拉登在從事一個長期禪修閉關期間的前後，對他自己的空性體證所作的論釋。我重視這本著作，因為它是深刻的個人陳述，誠實地表達他的疑慮與內觀。格西拉登解釋，當他因為其上師用一百盧比紙鈔來解釋一切諸法假立自性而「大為感動」之後，他於是展開自己對空性的修習探究。

[15] 這是指去思惟這條虛構的蛇只是由妄執的心虛構假立而成的觀點。

[16]《廣論》卷20：「如是諸法，亦唯於名言識，如所顯現觀察安立，若於境上觀察諸法本性如何，全無所有。不如是執，謂非唯名言識增上安立，執彼諸法各由自體有可量見本安住性。」（頁700）

[17]《廣論》卷18：「許妄見有二，根明有過根，諸有過根識，望善根識倒，諸無損六根，所取世共證，就世為諦實，餘就世立倒。」（頁662）

[18]「遍計」是指幻象妄計為真實。

[19]「現量」是指由心識不起分別地、如實地當下了知現前的境界。例如在根境相對時，不用意識思惟就能直覺親證到的，如眼、耳、鼻、舌、身前五識去了別色、聲、香、味、觸五塵。又作「現前知」。

第八章

# 兩種中觀

(1)

你相信你的眼睛嗎？你的感官會給予你這個世界如實而清楚的樣貌嗎？某些人認為，我們的感官反映世界，但是當我們對自己的經驗產生扭曲的概念分別，並且陷入對這些概念分別所生起的情緒反應之中時，我們便會與真實（reality）失去連繫，而落入痛苦之中。其他包括宗喀巴在內的人說，這個問題其實更深刻。甚至在我們的念頭執著於這些影像之前，或以瞋恨或貪愛來反應之前，我們的感官已經錯誤地呈現這個世界。

如我們所了解的，宗喀巴不斷地支持我們從未受損壞的感官處獲得關於名言事物之資訊的正量。然而在此同時，宗喀巴也主張，這些正量的根識錯亂地看待名言事物的存在方式，它們錯認事物具有其自性，在它們面前顯現的事物，彷彿是於境之上、獨立地自行成立。我們的意識常常（但不總是如此）積極而主動地同意這個「錯亂顯現」——計執事物本身以一種誇大的方式於自身中存在。這種心的愚痴即是我們痛苦的根源，當我們擁有貪婪、嫉妒、瞋怒、羨慕、仇恨與驕慢等強烈的煩惱時，它（心的愚痴）變得尤其明顯。

宗喀巴討論兩種中觀的關鍵訊息在於，名言的感官經驗（現事）雖然能提供所緣境的正智（valid knowledge，有效的知識），但看待其所緣境的存在方式卻是錯亂的。所有的中觀師都同意，自性顯現在我們的感官之中，但是在勝義觀察之下，我們卻無法發現它。從宗喀巴的解讀來看，如同清辨那般的自續中觀師，在名言的層次上承認事物就如它們被認知的那般，確實具有自性。為了要存在，事物需要「有自性」。然而，沒有任何事物禁得起勝義觀察，因此每件事物是「畢竟空」，空性即是「無勝義有」。

另一方面，如月稱那般的應成中觀師則說，在某個方面，即使連我們健全的感官都持續不斷地產生錯亂：將事物的顯現視為有自性，這是虛妄的，甚至在名言中，也是虛妄的。人們與汽車存在於名言中，但是自性卻完全不存在，空性即是無自性。對應成派而言，這代表事物也同樣無「勝義有」，因為在他們的觀點之中，如果事物確實有自性，那麼在勝義觀察之下，應該可以找到這個自性。當我們去尋找事物如何存在於勝義中時，卻無法找到事物，這表示它們完全無有自性。然而，事物是存在的，並發揮作用。

重要的是，我們要認知在印度的中觀教典之中，找不到直接而清晰的陳述來指出應成派與自續派之間的這個差異。此外，首先把中觀師分類為應成派與自續派的早期西藏學者，也未注意到兩派「勝義真實」的觀點有任何宗派上的差異。這是宗喀巴的發現，他從仔細地閱讀印度的中觀教典時得出這個推論。

中觀師起初會被分類為應成派或自續派，並非以他們對空性的正解為基礎，而是以如何運用正理來歸納對空性的正解為基礎，諸如清辨這般的自續師，主張使用「自續三支論式」來攻擊邪見。在使其他人信服空性方面，自續派堅持使用正面的論證，或可以被轉變成為正面的論證，而且就傳統的佛教因明學（邏輯）而言，這些論證是正確的。另一方面，諸如月稱等應成師則認為宜使用「應成論式」來攻擊邪見。這意味著應成派常常運用無須暗示任何選擇之明確立場的論證，藉以引出論敵邪見中的內在矛盾。

宗喀巴主張，清辨堅持使用「自續三支論式」不只是方法上的不同，也顯示清辨的空性見的一個潛在差異（潛在的短處）。在《廣論》之中，針對這些重點所作的討論，是眾所周知的《廣論》最困難的部分。在此，我僅僅對宗喀巴的結論提出一個概括的解釋。

為了理解空性，你不一定要去理解或同意宗喀巴對清辨如何背叛他對自性的信念所提出的論證。你也不必絕對相信，清辨真的持有宗喀巴所聲稱、在其論證中所發現的內含立場。我們的目的是去理解空性，而不是去辯論佛教智識歷史的細節。對我們而言，如何以正理推斷真實的這個爭議，是讓我們更熟悉宗喀巴的空性見的一個機會。

## 背景

如宗喀巴所說的，龍樹的《中論》開宗明義地破除增益自性的「生」，他否定事物是「自生」、「他生」、「共生」或「無因生」。佛護論師對此提出評論，藉由指出其他宗派各自持有上述之「生」的過失，來辨明龍樹的宗見（thesis）。[2]例如，印度外道數論派（Samkhya）的論師說，就某個意義而言，事物是「自生」的，因為它們從已經存在的，它們自己非顯現的色中生起。[3]對此，佛護提出「應成論式」的宗見來回應：「如果你說諸法是『自生』，那麼，同一件事物就會一再地生起，它必定是無窮盡的。這種說法是不合理的。」[4]

因此之故，清辨針對龍樹的觀點撰寫了一部論著，也藉此批評佛護。他指出，佛護的「應成論式」純粹是指出他宗立場的內在過失，它們無法輕易地被轉變成為正面的主張，即運用雙方都承認的知識來源以證明中觀的立場，[5]這正是清辨認為需要取得的事物。身為正理師，清辨覺得自己不得不對佛護的論釋提出爭論，因為佛護的論釋脫離了當時已經成立的、正式的因明標準。清辨完全沒有挑龍樹的缺失，他認為是佛護錯誤地詮釋龍樹的宗見。他開始去顯示，龍樹的宗見可被系統化地闡明為自行站得住腳的明證——自續論證，來支持「勝義無生」（於勝義之中無「生」）[6]的正確立場。

隨後，月稱針對龍樹的著作撰寫自己的論釋，並且在面對清辨的批評之下，與佛護採取同樣的立場。簡而言之，月稱批評清辨使用的「自續三支論式」。在為佛護辯護方面，他主張在辯論空性時，中觀師使用「應成論式」是適當的，這種論證可以引出論敵立場的內在矛盾。[7]這是區別這兩種中觀的關鍵要素。

# 宗喀巴的解釋

為了容易解釋，讓我們提出自己的「三支論式」[8]：「在勝義中，桌子的存在是『空』，因為它是一種緣起。」桌子是這「三支論式」的「有法」（subject，指「宗」或命題的主詞）。在此，主要的前提是（在佛教的因明學之中，即所謂的「衍推」〔entailment〕或「周遍」〔pervasion〕[9]）：「在勝義中，任何緣起事物之存在都是『空』。」次要的前提（即「遍是宗法性」〔presence of the reason in the subject〕）[10]是：「桌子是一種緣起。」而被證明的宗見——「所立」（probandum），即是「在勝義中，桌子的存在是『空』」。

簡而言之，這種直接的「三支論式」是清辨堅持我們這些中觀師必須對非中觀師所提出的論證形式。事實上，宗喀巴曾說，我們也可以提出這種形式的論證。我們的「三支論式」是宗喀巴承認的一種論證，而且他會對已經了解它的人提出這種論證。但另一方面，他堅持主張這個公式化的表述是有問題的，就如同清辨在批評佛護時所出現的問題，因為這種論證在最初時不可能特別具有說服力。[11]這是因為我們非中觀師的朋友們是「實有」的擁護者，對他們而言，事物如它們所顯現般地存在。他們認為，根據經驗而獲得關於桌子的知識，包括了對桌子之自性的定量確認。他們認為，在事物具有自性的條件下，事物在勝義中是存在的。因此，他們非常不可能會輕易地採納我們中觀宗的宗見。

與其大膽地對非中觀師提出一個與他們認為絕對肯定的但直接牴觸的宗見，月稱（與佛護）採取一種漸進應付論敵的方式，首先指出伴隨論敵的立場而來的矛盾結果。我們可以說：「事物一定從不改變，因為如你（論敵）所說，它們透過自性的力量而存在，而非依仗其他的緣。」最後，當論敵對自性的肯定性大大地減弱時，我們中觀師或許就能夠成功地對它們直接提出自己的宗見。這是宗喀巴理解的應成派正理方式的方法。

但是，宗喀巴超越這點而提出這樣的問題：「清辨這位優秀出色的論師無法了解佛護的作法，這代表了什麼？」例如，如果我們都同意相同的四個前提，那麼，我們便可以相互指出關於這些前提是暗示什麼的直接論證。同樣地，如果我們全都同意相同的、以經驗為依據的資料，那麼，我們便可以爭論從這些現量得出什麼結論。但是假設他宗只接受我們四個前提中的三個前提，並且假設那個能證實前三個前提的相同的心，同時也確認恰恰與第四個前提相反的前提。此時，直截了當辯論的可能性就更加受限。在這樣的情況下，我們最有效的說服方法不是大膽地把第四個前提作為一個宗見，因為在論敵眼中，它的虛妄性似乎是明顯的。我們最佳的作法是開始採取一種間接的正理，指出論敵見解中所隱含的內在矛盾。

這是以偉大的正理師聞名的清辨一定已經了解的事物。因此，宗喀巴說，清辨藉由堅稱中觀師必須直接向非中觀師提出一種「自續三支論式」來證成空性，而暗示中觀師事實上是從一個共同的、以經驗為根據的知識基礎，來與非中觀師辯論，而這個知識基礎即是在名言的層次上，事物如何存在的共同理解。也就是說，清辨一定認為中觀師與非中觀師之間的唯一差異在於，中觀師已經從事更深入的觀察，並了解所有人都共認的、以經驗為根據之證據的正確含意。宗喀巴依此而主張，清辨暗示自性正如同它顯現在我們一般感官那般，確實存在於名言中。

## 法庭的比喻

假設有一場嚴重的交通事故，當事人因此而受傷。我們中觀師是原告，要證明因為闖紅燈而引起交通事故的人有罪。一名證人上前，忠實、公正地陳述事故的經過。我知道這個極為誠實的證人完全是個色盲，他對事故發生當時交通號誌的燈色所作的證詞，雖然對這宗訴訟至為關鍵，但根本是錯亂的。當觀察我的中觀共同辯護律師進行反詰問時，我注意到一些古怪的事。當他堅持不懈地證明對方有罪時，他所進行的質問並未提出或考慮到證人完全色盲這件事。當他與我同意被告有罪時，我的共同辯護律師所提出的立論暗示，他與被告都假定證人提出的所有證據都是完全可靠的。

交通事故是輪迴災難的一個比喻。試圖去證明有罪，代表試圖破斥「事物存在於勝義中」的概念分別，這種概念分別即是引起輪迴的愚痴。證人代表我們的感官對桌子、椅子等事物所作的證詞。色盲代表我們並無能力去區分「有」（existence）與「有自性」（intrinsic existence，有性）。[12]我的共同辯護律師是清辨，他以洩漏他內含的、未言說的假設的方式來證明對方有罪，而他的假設與被告非中觀師的假設一樣，即我們必須完全相信自己的感官證人所提出的誠實證詞。[13]

## 宗喀巴區分兩種中觀

清辨從未直接主張他承認自性，他強調「三支論式」是一個關鍵性的證據，宗喀巴用它來推斷清辨承認自性，因而並未區分「有」與「有自性」之間的不同。在《廣論》之中，宗喀巴也指出另一個證據：當清辨談到破除自性時，他加上「於勝義」（ultimately）這個簡別語。[14]清辨告訴我們，自性「於勝義」或「於觀察之下」不存在。[15]他是否在暗示自性存在於名言中？在考量所有的證據之後，宗喀巴推斷清辨確實暗示這一點。[16]

從宗喀巴的解讀來看，清辨的中觀雖然從未明確地主張，卻心照不宣地假定「有」與「有自性」是同一件事情。[17]「有」／「有自性」禁不起中觀正理的觀察壓力，但是清辨似乎相信，在未經勝義觀察之下，而且在名言中，事物確實以自性存在，正如同它們顯現在我們健全的感官之上那般。

這個討論讓我們更完整地了解宗喀巴如何解釋月稱對「自續三支論式」所作的批評。「自續三支論式」一詞不只代表受到「有法」與前提之正智支持的正面論證，它意指在這種論證之內，同類的正智被立敵雙方共認為已經證實的「有法」與前提。當應成中觀師與其他人論辯時，這是不可能的，因為其他人相信了知「有法」與前提的心，在此同時也暗示確認這些事物的自性。[18]因此，宗喀巴繼月稱之後會排斥「自續三支論式」，恰恰是因為他排斥自性，但是其他人則在建立「自續三支論式」的「有法」與前提的過程中，就已暗示確認了自性。

但是，這完全不表示宗喀巴及其追隨者從未使用「三支論式」。許多早期針對月稱的著作所作的詮釋認為，月稱對清辨的批評暗示應成派從未使用「三支論式」，因為應成派不主張任何宗見，他們僅僅遮破其他人的立場。[19]宗喀巴詳細地遮破這些觀點，顯示應成派使用「三支論式」[20]：我們提出正面的主張；我們持有立場，並為這些立場進行辯論；我們努力向自己與他人證明「事物是自性空」，我們主張事物是緣起。就我們是否擁有一個宗見而言，我們與非應成派之間並無差異。[21]

更確切地說，我們不同之處在於，應成派的所有論證都受到名言的、正量的心所支持，即受到桌子等知識的支持，我們認知到自己把錯亂地顯現在心上的所緣境視為有自性。這是我們的一種「名言量」——看見名言事物顯現或不顯現的可靠證人，但這個證人也不斷地錯解這些事物存在的方式。非應成派不承認、甚至不考慮這種可能性。自性普遍顯現的虛妄性，正是我們試圖對非應成派證明的事物。我們知道其他人不承認這個觀點，因此，我們不假定可用直接的論證來向他們證明我方的立場。[22]這個情況好比我們試圖透過詰問誠實但色盲的證人，來幫助其他人推斷當時的交通號誌是紅燈。這是可能辦到的，但我們並非使用一種直截了當的方式來達成這個目標。

讓我們考慮「三支論式」：「桌子自性空，因為它是一種緣起。」如果某位應成師對某個人提出這個宗見，而此人相信那個能看見桌子的心也能無疑地了知自性，那麼，我們立即就會面對一個問題。我們之間的爭論——事物是否具有自性——在於感官所緣境（observation）之原始資料的正確性，而我們所有的比量都需要從這個基礎上生起。我們認為感官可提供正智，但看待自性卻是錯亂的；而其他人認為所緣境的正智，則是需要所緣境之自性的正智。因為這種情況之故，月稱的追隨者為了開始去說服其他人，而必須求助於「應成論式」。[23]

儘管如此，宗喀巴強調，應成派確實承認與主張「桌子是自性空」的立場，這是我們的核心宗見。我們的目標是盡可能有效率地去幫助其他人接受這個宗見，進而開始走上心靈解脫的道路。

## 結論

宗喀巴反對諸如摩訶衍和尚等人的觀點，而爭論感官知識的正量性，以及以這種知識為基礎的因明論證的重要角色。但是在解釋這兩種中觀時，宗喀巴強力支持月稱對正理師清辨所提出的尖銳批評，而來平衡這一點。正如宗喀巴的研究與解讀，清辨對因明運作的強硬立場，暗示、揭露了一種細微但關鍵的增益執。藉由與月稱聯手遮破清辨，宗喀巴顯示他如何能讚頌觀察的力量而不誤入增益邊。名言認知即是「量」，但是伴隨而來的自性顯現卻是錯亂的。因此，因明仍然發揮作用，但是發展宗見的一些傳統規則卻無法運作，因為它們是建立在這樣的假設之上：正量的心了解辯論所緣境的自性。[24]

宗喀巴對這個議題所作的討論間接地支持他的主題，即「分別知」（conceptual thought）不是我們問題的根源。[25]在整部《廣論》之中，宗喀巴藉由強調正面的觀察力量來提出這個要點，但是在這個針對清辨所作的討論之中，他卻提出補充的要點：即使連直接的感官經驗，例如「分別知」，也錯亂地看待事物存在的方式。如果我們把修行建立在「一切分別知即是顛倒」的看法上，那麼我們可能會假設，我們修行的目標是「回歸」某種清淨的、原始的、先於概念分別的經驗。[26]在這種情況下，我們將回歸到一個資訊的正量來源，但這個資訊來源卻包括一個錯亂的面向——自性的「錯亂顯現」。

因此之故，如果我們先假設自己可以信任事物先於概念分別而顯現的方式，那麼我們就會遮破不足。事物栩栩如生地顯現，即使在我們未受損壞的感官之前也是如此，彷彿它們具有其自性。一般而言，我們從未質疑這種顯現，而智慧是以觀察之道來挑戰它，並且確定它是虛妄的。[27]

## 【注釋】

(1) 本章內容主要依據英譯本《廣論》第3冊，第17－20章。（譯按：漢譯本《廣論》卷20－21）

[2]《廣論》卷20：「佛護論師釋中，未明分別應成自續建立應成。然於解釋『非自非從他，非共非無因，諸法隨何處，其生終非有』時，唯依說舉他宗違害而破四生。」（頁709）

[3] 數論派是印度婆羅門六個正統哲學派系之一，其基本哲學體系包括「因中有果論」、「三德說」等。此派認為「因」中本已有「果」，所以「果」只是顯現而非新生。

[4]《廣論》卷20：「謂他所許生有盡有義，若許自生，舉相違云，若從自生是有而生，生應無義及無窮盡，故許有義有盡不應正理。」（頁712）

[5]《廣論》卷20：「清辨論師出過破，謂全無能力成立自宗及破他宗。」（頁709）

[6]「勝義無生」是指證知真實不會成立諸法是「生」。

[7]《廣論》卷20：「然佛護宗無如是過，月稱論師廣為解釋，謂中觀師自身發生中觀方便，須用應成，自續非理，破他宗已顯應成宗。」（頁709-710）

[8]「三支論式」即以宗、因、喻三支來論證的方式。

[9]「周遍」（pervasion）是因明用語，亦即「同品定有、異品遍無」，意指在同類事情必定具有而不同類的事情絕不會有的普遍關係。

[10]「遍是宗法性」（又作「宗法」）是為了如實領悟所量未知的事物而列舉的「正因」中，必須具備的三相之一。它是規定「因」與「宗」（「命題」的主詞或有法）的關係，這是「因」對「宗」所應具備的義理。

[11] 清辨認為佛護只是舉出其他宗派的過失來破除四種「生」，這樣的論點無力成立自宗或駁斥他宗。

[12]《廣論》卷21：「故以正理非能害彼，然由敵者，未辨彼等有與有性二者差別，故執彼等，由量自性量所成立。」（頁745）

[13]《廣論》卷21：「故不應取不共別許而為有法。有法乃是立敵二家，觀察能別法之所依必須兩家共極成故。」（頁731）

[14]《廣論》卷20：「諸法勝義不自生，有故如有思。」（頁706）

[15]《廣論》卷20：「非許勝義諸事有性，次立宗說彼無自性，故無謗宗義。非因不成，故此無過。」（頁708）

[16]《廣論》卷20：「謂許諸法勝義無性，非誹謗故。若於名言謂無自性，許為誹謗極為明顯。」（頁708）

[17]《廣論》卷20：「又彼論云：『勝義諸內法皆無自性性，所作性故，殊勝言說待所依故，譬如幻師所化人等。』此破自性決定當加勝義簡別。」（頁708）

[18]《廣論》卷21：「若許自續則立自相之量，先須立敵極成，次以彼量，立敵二家成立三相再成所立。若無比量，則有法等皆不得成。」（頁743）

[19]《廣論》卷20：「彼之弟子諸譯師云：『中觀師者，唯破他許餘無自宗。其有法等二無共許故自續非理。』」（頁712）事實上，月稱是以承認自相來作為理由而指出他宗的過失，又以承認「諸法如幻」來作為自宗無過失的理由，他並未說沒有自己的宗。

[20]《廣論》卷21：「在敵者名自許，觀待立者諸中觀師，名曰他許，二同一義，立他許量破除邪執極為切要。」（頁744）

[21]《廣論》卷21：「又云：『是故如許緣起唯有此緣，如是唯許依緣假立，故於我宗一切言無斷滅失，他亦應當受許此宗。』……故龍猛菩薩及月稱宗中，是有自許自受自宗。」（頁728-729）

[22]《廣論》卷21：「於彼執境正理違害，豈以正理破他身中無損名言諸識所成？故自他宗未能共許，能量自性之量，故非自續所能成立，唯當顯他自許相違。」（頁745）

[23]《廣論》卷21：「由是因緣，若以前說之量，立敵共成之因，成立所立，名自續因。若不以彼，唯由敵者所許三相，成立所立名為應成。」（頁749）

[24]《廣論》卷21：「由是敵者乃至未捨事實宗時，必待量度自性所量而成能量。若時以量達無少法由自性成，即便棄捨事實宗見。」（頁748）

[25]《廣論》卷23：「若謂任隨分別何事，一切分別，皆繫生死，故無分別住，是解脫道。」（頁798）

[26]《廣論》卷21：「於修行時，若憶彼見安住見上所有修習，縱是修空，然彼一切無分別住，云何皆為修習正見？故得見已，於修習時當憶前見所抉擇義而修真空，唯悶然住，無所分別非修空義，此中自宗言全不分別……執一所緣而便安住，非離分別。」（頁804）

[27]《廣論》卷18：「謂諸根識於五境自相，非是正量，以待五境所現自相是欺誑故。五境實空無自相，現自相故，如現二月之識。」（頁661）

第九章

# 我究竟是誰？

(1)

愛麗絲在仙境展開探險之初，自問：「我納悶我是否在一夕之間改變？讓我想想：當我在這個早晨醒來的時候，我還是相同的我嗎？我想我記得當時的感覺有一點點的不同。但是如果我與以往不同，那麼接下來的問題是：『我究竟是誰？』啊！那是一個大謎題！」(2)於是愛麗絲沉思自己是否已經變成她的朋友艾達（Ada），或者不幸地變成她的朋友瑪貝爾（Mabel）。因為如果她已經改變，她一定已經變成其他人，而且變成她認識的人或許是件好事！

## 一個謎題

那些鍾愛、養育孩子的人，沉痛地經歷孩子從嬰兒到學步兒、幼童、青少年，然後成人的快速轉變。我抱在懷裡搖哄的嬰兒與這個年輕人是同一個人嗎？或這是一個不同的人嗎？當我們看著老照片時，或許會注意到相同的問題，或許感受到一種類似的沉痛。我與照片裡那個九歲的蓋·紐蘭是否是同一個人？我覺得這個問題難以回答。

如果有人強迫我們把焦點放在這個問題之上，並且要作出回答，我們會很快就覺得不自在。我是同一個人，還是不同的人？我們的不自在可能會使我們去挑戰這個主題，而不去理會這個強迫我們去解開「我們是誰」這個大謎題的老師或書本。我們的不安是立基於一種深刻的不一致之上，即事物真實的面貌是流動的、不可執取的、相互混雜的，而我們通常思考與談論的事物則被視為是彼此分離、自在且具體的單位。修習空性代表你承諾要愈來愈深入這種不一致，以至於它強烈到幾乎令人無法忍受，這彷彿有個小孩在你耳邊尖叫，要你知道：「你是誰？事物如何存在？」(3)

## 侵入的大象與已婚的單身漢

讓我們先開始總結觀察修的步驟。首先，我們必須在思惟修中，認清自己對自性的概念分別。這個虛妄的「我」如同一個惡魔，已經引起無限的痛苦折磨。我們可以藉由想像正直義憤的情況，而把惡魔引誘出來。在這些情況之中，人會受到虛妄的指控，然後像間諜般從心的角落觀看，試著去觀察在那時，那個人的自我感受是什麼樣子。如果沒有像這樣的練習，我們很難在自我增益執（self-reification）的行為中逮到自己。重點是，我們必須注意到在自己的體驗之中，無明是我們輪迴的根源，是我們將自己視為有自性之邪分別的根源。

然後，我們必須為自己訂定一套有限的但無所不包的選擇，選擇如果這樣的自性確實存在，那麼它存在的方式是什麼。譬如說，假設某個人因為愚痴地認為房子裡有一頭大象而感到痛苦。我們可以為房子裡的所有房間，或房子裡大到足以容納一頭大象的所有空間，製作一張廣泛的清單，然後，我們可以要求那個愚痴的人再下定決心。如果有頭大象在房子裡，那麼牠一定會在其中一個房間裡。如果他有疑慮的話，我們就在清單上添加更多的處所，即使這些處所在邏輯上看似不必要，直到那個人能夠確實地相信，房子裡的任何一頭大象都必須在其中一個處所裡。

然後，我們搜尋每一個房間，結果沒有大象，「根本沒有其他地方可以容納一頭大象」的感官力量，就會轉變成為相反於愚痴的了悟：房子裡根本沒有大象。

已婚單身漢的例子是另一個比喻。儘管這個比喻在表面上是奇怪的，但是它卻給我們一個觀察過程的完整輪廓。假設有個人為她自己與其他人製造無謂的痛苦，假設在這些問題的背後，是她認為只有在找到一個已婚的單身漢才會感到快樂的邪分別。我們首先幫助她認知自己具有這種邪分別，幫助她注意到這個奇怪的想法如何顯現在心中。然後，我們考慮選擇：已婚單身漢一定是已婚的或未婚的。當她強烈地相信這兩個選擇排除所有的可能性之後，就可以透過我們認為荒謬而明顯的觀察，來排除這兩個選擇：他不能是已婚的，因為他是單身漢；他不能是未婚的，因為他已經結婚。對於沉湎於有害的迷妄而無法自拔的人來說，謹慎地按部就班是重要的。這應該能夠讓她肯定地了解，她正在執著不在那裡且永遠不可能存在的事物。

這個比喻雖然奇怪，但是卻勝過房子裡有大象的比喻。已婚單身漢的比喻說明觀察自性的過程是從邏輯上限制選擇，並且遮破每一個選擇的例子。它不是像搜尋大象那樣的實際搜尋。再者，儘管不可能，但是房子裡真的有可能有一頭大象，而已婚單身漢是不可能有的。此時此刻，我的房子裡碰巧沒有大象，獨角獸也可能從未存在。但是如同單身漢一般，透過自性的力量而於自身中存在的人，不論此時此刻或永遠，都無法存在。

## 觀察一輛馬車

中觀的論著包含許多破除自性見的不同論證。在《廣論》之中，宗喀巴描述修習觀察補特伽羅我的過程，而這個過程主要就是稱為「離一與異」（lack of sameness and difference，藏gcig du bral）的特別論證而言。它首先示範這個論證如何藉由觀察一輛馬車而發揮作用，然後再把相同的論證應用在補特伽羅上。

宗喀巴先藉由描述所謂的「排中律」（law of the excluded middle）[4]，來解釋「離一與異」。有時人們會說，在非西方的邏輯之中並無這種原則，但這種說法是相當錯誤的。有時，我們仍然會遇到這樣的觀點：亞洲的宗教，尤其是佛教，是排除理性分析的神祕經驗。讓我們看看宗喀巴在《廣論》中提出的一個「排中」（excluded middle）聲明：(5)

**總體而言，我們看見種種世間現象（法）時，心中若把它歸類為「有對」，便會排除「無對」，若把它歸類為「無對」，便會排除「有對」。**

**總體而言，由於「無對」與「有對」分別就是「一」與「多」，因此，「一與異」或「一與多」完全排除第三種選擇。**[6]

換句話說，「有對」與「無對」就如同已婚的「甲」與未婚的「非甲」。「無對」是單獨的、單一的，與其本身是同一的，它不是各別的，因為它是一件事物。「有對」則是「多」與各別的。因此，存在的事物必須是「甲」或「非甲」的基本原則，限定了任何存在的事物必須是「一」或「多」，而且必須是「自我同一」（self-identical）或各別的。

接著，宗喀巴使用這個原則來限制在觀察自性的過程中的選擇：

**當你在總體的情況下，決定任何事物必須是「一」或「非一」時，你也將在特定的情況下，決定「有自性」者亦不出「一」或「異」。**[7]

因此，舉例來說，如果一輛馬車具有自性，那麼這輛馬車就必須經過嚴密的觀察，來證明它是否與其支分（零件）是同一（一）的，或原本就與其相異（異）。

馬車與其支分是同一的嗎？不，因為如果馬車與其支分是同一的，那麼正如同馬車的支分是數個與各別的，馬車因此也會是「多」；或者正如同馬車只有「一」輛那般，它也只會有一個支分。如果馬車與其支分是同一的，而且既然我們說馬車擁有支分，那麼「能作者」（馬車）就會與「所作事」（支分）是同一的。[8]如果「能」（agent）與「所」（object）可以依這種方式保持同一，那麼，火與柴薪也可以是同一的。我們只要把柴薪（所焚事）放在冰冷的壁爐裡，應該就可以溫暖房間，因為「所焚事」的柴薪與「能焚者」的火是相同的。[9]

另一方面，馬車基本上並非與它的支分分離，因為如果真是如此，我們就會看到馬車的車架在沒有任何馬車支分的情況下出現，正如同馬與牛因為是彼此分離的，而可以分別出現。[10]

這樣的一輛馬車既無法在它的支分內被發現，也不與支分自性相異，那麼它必定是無自性。這是因為如果有一輛「有自性」的馬車，它就必須能夠在這種觀察之下被尋獲。事物無自性真實的這種知識，即是能令人解脫、悟入空性的「勝觀」，而空性即是無自性。

我們要提及的另一個重點是，對宗喀巴而言，一般的名言識所提供的資訊，即是包括破除自性真實在內的任何論證的究竟基礎。我們知道木材不同於火焰，馬不同於牛，「有對」不同於「無對」。正是從這種一般事實的知識，我們可以發展出駁斥自性的論證。我們一般的名言識錯亂地認為顯現在它們之前的木材是自性真實的，但是在此同時，這些名言識提供正確而實際的資訊。我們不只可以使用這個資訊去生火，或選擇一輛汽車，我們肯定也需要這個資訊去形成駁斥自性的論點。如宗喀巴所說：「即使觀察真實時，任何遮難的究竟根據皆是來自未受損壞的名言識。」[11]

## 補特伽羅

宗喀巴使用相同的「離一與異」論點來證明「我」或補特伽羅並非有自性，因為兩者既非與「蘊」（身心）自性同一，也非與「蘊」自性相異。他解釋，修行者首先在她自己的體驗中確認所破境——我執，然後她自問：「這個自性的『我』是否與她的『蘊』同一，或者與她的『蘊』相異。」[12]

許多論證駁斥「我」與「蘊」自性是「一」的見解。讓我們考量這些論證中的其中四個論證：（一）即使連提到一個「我」，都會是多餘的；（二）會有許多的「我」，要不然就會只有一個「蘊」；（三）自性有的「我」將會是無常的、生滅的；（四）任何「能」（我）與「所」（蘊）會是同一的。[13]

如果有個自性有的「我」與「蘊」的元素、面向是同一的，那麼，「蘊」將會是那個「我」，我們就沒有必要去談論它、設想它或加以爭論，因為「我」將會純粹是「蘊」的同義字。然而，在言語上以及反省我們思考的方式，一個補特伽羅的「我」與一個補特伽羅的「蘊」似乎非常不同，我們使用「我的心」、「我的身體」、「我的手」或「我的感受」，甚至「我的人生」等措辭。我們所想的、擁有各種不斷改變的感受的「我」，怎麼能夠正好是這些感受本身？因此，有自性的「我」與「蘊」不可能是同一的。[14]

第二個論證在於，如果「蘊」與「我」自性是同一的，那麼，它們就必須擁有所有同一的特質與屬性，例如，它們在數量上必須是同一的。正如同一個補特伽羅計執只有一個「我」，那麼在數量上，「蘊」也必須只有一個，然而在事實上，「蘊」顯然有許多不同的支分。或者，既然這些聚合是各別的，因此每個補特伽羅都必定擁有許多不同的「我」，例如我會有十個「腳趾頭我」（toe selves）等等。然而，當我們思惟地觀察所認為的「真實我」（real self）時，這完全不是它顯現在我們面前的方式，這個「真實我」似乎是我存在為一個補特伽羅的單一體性與自主存在的核心。因此，說這個「真實我」與「多」且各別的「蘊」元素是同一的，便會相互牴觸。[15]

第三個論證是，如果自性有的「我」與「蘊」是同一的，那麼它必須如同「蘊」一般時時刻刻都在改變。在那個情況下，自性有的「我」在這個剎那將會不同於下一個剎那的「我」。於是，把有自性的「我」與「蘊」視為同一件事物的結果是，我們將必須承認，「我」如同「蘊」改變那般，在每個剎那都是相異的。[16]但是如果過去剎那與當下剎那的我（me）在體性上是相異的，那麼我如何能夠記得之前的那個補特伽羅所經歷的事物？[17]先前的「我」（self）在體性上是相異的，它與這個剎那的我（me）體性相異。如果體性相異的補特伽羅可以記得其他每個補特伽羅的經歷，那麼這個世界上的任何一個補特伽羅都應該能夠記得其他任何補特伽羅的經驗。[18]然而，這種情況不會發生。

第四個論證在於，如果自性的「我」與「蘊」是同一的，那麼，既然我們說一個補特伽羅擁有一個身與心，於是「能作者」與「所作事」將會是同一的。如果在這個情況下，「作者」與「所作」可以是同一的，那麼火與柴薪也會是同一的。如上述所言，這暗示把一塊木材放在冰冷的壁爐之中，應該會讓房間暖和起來，或暗示某個人可以用一把刀子切割刀子本身。[19]

但是，我們為什麼不該考慮「我」與「蘊」體性相異呢？如果補特伽羅擁有一種自相，而此自相與「蘊」的自相是相異的，那麼我們會發現，我的「我」與我的「蘊」是相異的。換句話說，正如同馬與牛具有不同的特質，可以在不同的處所看到牠們一般，我們應該也可以在某個時間與地點指出我的自性之「我」，而在其他時間與地點指出我的「蘊」。

事實上，我們使用「補特伽羅」一詞來指涉不斷改變之身心因素之相續。補特伽羅、每個個別之「蘊」的身心因素，以及不斷改變之因素的整個相續，都不具有任何體性或自性。因為我沒有體性，所以我與九歲的蓋．紐蘭與非體性同一，也非體性相異。我與擁有不同心續的補特伽羅，例如喬治．布希（George Bush），既非體性同一，也非體性相異。但是不像喬治．布希，我與昨天的蓋．紐蘭與孩童時期的蓋．紐蘭置身於相同的補特伽羅相續之中。我在那些時期所擁有的經驗與抉擇留下印記，如同此時此刻已經飛逝的鳥留下足跡一般，[20]我承受自己過去業行的果報。我們所作的選擇製造漣漪，而且從這些漣漪，我們獨特卻不斷改變的習性與道德品質如同波浪般，流過我們的心流。因此，於名言中說「這是我九歲的照片」與「這不是我的照片，它是喬治．布希的照片」是正確的。

宗喀巴提及，當他們的論敵了解到，自性的「我」真的不可能與變化的「蘊」同一時，關於永恆的、自性之「我」的外道哲學於焉生起。在得到錯誤的推斷之後，他們（外道）教導關於一個形而上之「我」的存在，而這個「我」與「蘊」體性相異。然而，他們自己一般的、正量的名言識，從未認知任何自性的「我」與「蘊」相異。這純粹是一種遍計執[21]，與其假設一定有個恆常的「我」，而且這個「我」是一種與「蘊」相異的體性，他們反而應該會了解到，他們既無法發現自性有的「我」與「蘊」是同一的，也無法兩者相異，那麼，這個「我」根本就不存在。[22]

由於補特伽羅不可能是一個與「蘊」同一或相異的自性之「我」，因此那個補特伽羅不可能具有任何體性，補特伽羅無任何自性，它只是存在於假名與名言中，但是在這個基礎上，補特伽羅卻能夠完全發揮「能作者」的作用。為了能讓你實實在在地理解這個結論，因此，去思量每個暗示你的心可能有個潛藏在某處的「我」會悄悄地從縫隙溜進來的途徑，是非常重要的。藉由謹慎而專注的觀察，每種可能性都可以被解析為「一」或「異」的情況，然後它們將分解為如上述所提及的那些過失。

在修習時，我們無法滿足於使用經過縮減成一行的正理。我們必須使用引自龍樹與其他中觀師論著的數行正理，我們必須覺得自己一再地深入運用這些正理的過程。唯有如此，我們才能生起強烈的信念，相信我們所執著的自性的「我」從未曾存在，也完全不可能存在。

# 緣起

我們執著事物於自身中堅實存在的幻象，同時活在這樣的一個無情的明證之中：事物不但是短暫無常的，也以依仗其他事物為緣。這是一種自相矛盾的說法，也是已婚單身漢的真實例子。令人恐懼的是，它與已經單身漢的愚痴類似。這愚痴暗示在某個地方，有個人既是已婚的（與另一個人有關），也是未婚的（與另一個人無關）。事物是否彼此相連呢？

對我們而言，以下這些要點似乎是「常識」：（一）事物於自身之中是真實的（real）；（二）因為它們是真實的，因此它們能夠與其他的「實事」建立關係。我發現自己在心中表達念頭，也聽到人們清楚地說出念頭，並把它們連結起來成為：如果事物在與其他事物掛鉤之前，它們並非已經是真實的，那麼有什麼是可以掛鉤在一起的？

我們憑直覺正確地知道，在沒有某些相關的本體之下，就不可能有「關係」。沒有聯繫，「關係」就不存在。然而，如果我們因此而相信於勝義中的實事——無關連、自在的事物——恰好自行存在，之後與另一個事物相連結，那麼我們就大錯特錯了。

藉由修習事物之所以是「空」的，那是因為它們即是緣起，我們再訓練自己的心去看見事物唯有與其他事物相關，才能夠存在，而且其中沒有任何一個是於勝義中的真實（real）。既然沒有任何事物能夠自行成立，因此每件事物都是與其他事物建立的廣大網絡的展現。沒有起因，沒有絕對的存在基礎，沒有無條件的支持或起點。每件事物都是從接踵而至、錯綜複雜的無數相互依存的因緣中生起，在觀察之下，我們找不到任何一件事物。

諸如「每一片雪花都是獨一無二」的陳腔濫調的言外之意，是我們對自己身為有情眾生的獨特所做的讚頌。唯一的問題在，我們通常不自覺地相信，我們的獨一無二來自一種內在的體性，而這種體性是我們個人的核心。為了護衛、壯大那個核心，我們傷害他人；為了滋養那個核心，我們構築貪婪。我們的行為彷如惡毒的瞋怒是保護我們的父親，貪欲是支撐我們的母親。沒有人能夠開始測度這種行為已經引起多大的痛苦。

事實上，我們的獨一無二感源自我們特殊的、不斷改變的、與其他事物的無限連結。我們是獨特而重要的，但是我們並未擁有自己的獨特，並無本具的核心。我們的獨特全靠自己所有的因緣與空性。因為如果沒有空性的開闊天空，剩餘世界的明耀就無法進入、穿透我們，我們也永遠無法成為目前的樣子——作出重要抉擇的有情眾生。

## 視事物猶如幻象

對一直在從事這種觀察修的人而言，顯現在他面前的世界是什麼樣子？宗喀巴從《三摩地王經》引用一段極具詩意的段落，教導一切諸法猶如陽焰、幻象、影像、迴響、夢。[23]他解釋，就諸如補特伽羅或「色」等世俗法而言，這表示有一個「甲」的顯現，但是在此同時，我們了解到完全沒有一個有自性的「甲」存在。例如，它有如影像，有一個栩栩如生的臉的顯現，但是我們了解，在這個顯現之中，事實上沒有一張臉。

在觀察的最後，當修行者從修習空性中下座時，再次觀擇桌子、椅子與補特伽羅的顯現。然而，在剛剛觀察過這些事物的空性之後，它們以非常不同的觀點顯現，它們似乎猶如幻象，或許模糊不清，或許閃閃發光。

然而，在修習之後擁有一種改變的認知狀態，不一定表示修行者已經正確地了悟事物何以猶如幻象。如宗喀巴所說：「任何信解中觀宗義，但對開示『諸法無自性』之教法孤陋寡聞的人，也會產生這種經驗。」[24]他暗示，即使在你遮破過度的修習之後，也可能擁有這種經驗：

> **在觀察某種所緣境時，你們會以正理來分析它，最初你們心想：「它（境）不存在」，隨後你們同樣會看見沒有「能觀察者」，最後就連能確定「無」（不存在）的人也沒有。這樣便無法斷定「是這樣」或「不是這樣」，於是便會開始覺得顯現的事物模糊不清。**

為了要真正了解補特伽羅的如幻性，我們必須完整而正確地破除補特伽羅的自性，並且理解正是這些無自性的補特伽羅在造業，並且體驗其果報。換句話說，空而如幻的補特伽羅存在，作出抉擇，是去幫助或去傷害別人。

如果你錯認所破境，即使只是稍微錯認，並且遮破過度，那麼隨著你對這種「空性」的理解增強，便會損害你修持布施、持戒、安忍等善德的信心。[25]如果你想要真正地發現中觀見，你需要正確地了解空性，也就是要以「保持空性與緣起的全然無違」的方式去理解空性。於是，真正通達空性就不會是與「了無意義」相遇了。正是這種理解，讓我們懷著全然的信心去看見自己的行為是至關緊要的，我們的所作所為將讓情況有所不同，而成為未來的一個因緣。

讓我們提醒自己，發現這種觀點是一大挑戰，宗喀巴給予我們清晰的指引，教導我們如何去發現這種觀點：

**先令正理所破境的觀念清楚現起，……然後專心思惟若有這種自性有的補特伽羅，那這種補特伽羅和它的「蘊」就只會是「一」或「異」的道理，以及正理能推翻這兩者的道理。要觀見這種遮難而引生定解，最後應堅固你認為「補特伽羅全無絲毫自性」的定解。在修習空性時，應當時常這樣修持。**

然後便要令不能否定的名言補特伽羅在心中顯現，讓自心轉而思惟緣起，亦即是把這種（名言有）補特伽羅安立為造業者與受果者，從而定解無自性能成立緣起的道理。

假如覺得兩者似有矛盾的話，便要採用影像等譬喻來思惟兩者互不相違的道理。[26]

當我們認為那個補特伽羅的自性空與補特伽羅造業、受果的能力相互牴觸時，宗喀巴請我們使用影像或類似的比喻，藉以對這兩件事物的完全不相違生起信心。接著他顯示這個比喻究竟如何運作：

**臉的影像無可否認地是以下兩者的結合：（一）顯現在其中的眼睛、耳朵等事物是「空」的；（二）依仗一面鏡子與一張臉而生起。當這些因緣中的某些因緣消失時，生起的事物就會壞滅。同樣地，補特伽羅甚至無微塵許的自性，但它是造業者、受果者，並且依仗宿業與煩惱而生起。**[27]

補特伽羅看似真的擁有自性，正如同臉的影像看似是活生生的臉。如果我們意外地在一面非常潔淨的鏡子上看見自己的影像，我們可能會嚇一跳。我們可能強烈地感覺自己看到另一個人。儘管這個補特伽羅的顯現完全是虛妄的，但是影像確實存在，並且有效地發揮它如實的作用。它依仗因緣而生起、發揮作用與消逝。

同樣地，補特伽羅完全無絲毫自性有的自性，而這種自性卻鮮明地顯現在我們的心上。我們無法尋獲這樣的自性，因為它完全不存在（畢竟無），正如同鏡子裡沒有一個真正的補特伽羅。另一方面，正如同一個影像確實存在為「唯影像」（mere reflection，僅僅是個影像），補特伽羅也確實只存在為「唯補特伽羅」（mere person，僅僅是個補特伽羅）。這樣的結果是，我們需要成為的正是這種補特伽羅，藉以作出抉擇、去行動、去改變，並且為世界帶來利益。

《三摩地王經》說：

**猶如月影於夜晚映現在清澈的水上，它們是「空」的且無法執取的。應知一切諸法皆是如此。**

**在炎夏正午趕路的旅人，口渴難當，把陽焰看作水源。應知一切諸法皆是如此。**

**雖然陽焰完全沒有水，但愚蒙的眾生仍然想要飲水。應知一切諸法皆是如此。**[28]

佛陀不是頒佈「切勿執取」大誡的神，也不是立於一旁準備譴責那些違背此大誡的裁判。更確切地說，佛陀是我們的心靈醫師，給予我們健康的忠告。如果我們能夠透過執取事物而獲得快樂，那麼佛教就無用武之地。我們所有無謂的痛苦之所以生起，那是因為我們持續執取事物，而這些事物實際上完全不可執取，因為它們沒有精髓、最深的核心與固定的自體。

馬車與補特伽羅的真諦，在相同的程度上，也是一切事物的真諦。佛陀指出我們因執著於物品、人們、想法、經驗與身分而充滿痛苦悲傷，這是徒勞無益的。不論我們把它們抓得多緊，就是無法掌握它們。因為它們沒有能力自行生起與存在，我們與周遭的事物都隨著因緣改變而持續變遷。在無自性的情況下，我們的自我與周圍的事物都沒有任何可以被抓住的內在把手。我們害怕面對這種「無」、這種空性。我們的恐懼從執著生起，並餵養執著。我們以這種方式剎那、剎那地為自己建造一座監獄。然而，藉由勇敢地面對空性的真實，我們可以放下恐懼、瞋恨與貪婪，獲得解脫。

## 【注釋】

(1) 本章內容主要依據英譯本《廣論》第3冊，第21－22章。（譯按：漢譯本《廣論》卷22）

(2) 摘自路易斯．卡羅（Lewis Carroll）的著作《愛麗絲夢遊仙境》（*Alice's Adventures in Wonderland*）第二章。

(3) 採自傑弗瑞．霍普金斯的《空性瑜伽》（*Emptiness Yoga*, Snow Lion Publications, 1987），頁207。

[4]「排中律」是傳統的邏輯基本規律，是有效思維在進行時依據的三種律則（同一律、矛盾律與排中律）之一，即對互相矛盾的兩個命題若否定其一則必肯定另一，通常被表述為A是B或不是B。

(5) 在其他地方，宗喀巴使用「排中律」（excluded middle，英譯本《廣論》第3冊，頁146-147），並引用龍樹的說法來加以支持：把事物限制在「有自性」與「無自性」這兩個可能性之中，是出於把任何事物妄計為「有」或「無」的普遍限制。同樣地，「諦實有」的事物必須是在「一」或「多」的限制內，亦是基於任何事物必定是「一」或「多」的普遍限制之上。當有這樣的限制時，就必須排除任何第三種情況（非一非多）。因此，主張諸法是「非有非無」，實屬胡說。如龍樹在《迴諍論》（*Vigrahavyavartani*）裡所說的：「如果無自性被破除，亦即證明是有自性。」

[6]《廣論》卷22：「總凡世間現見一法，心若決定彼為對遮其無對，若是無對，則遮有對。由此道理，總於

一異或於一多，遣第三聚，有對無對即一多故。」（頁 762）

[7]《廣論》卷22：「若能總於一多決斷，別於自性若一若異，亦能決斷，如是若我或數取趣，有自性者，亦不能出若一若異。」（頁 762）

[8]《廣論》卷22：「言車支者謂軸輪轄等，車與彼支自性非一。若性一者，如支眾多車當亦多，如車是一支亦當一，作者作業皆當成一。」（頁 754）

[9]《廣論》卷21：「謂火與木若有自性，自性不出或一或異，二者為何？若是一者，火當自燒，復云何成火是能燒，木是所燒？……若性異者，則無木時火當可得。」（頁 747）

[10]《廣論》卷22：「若合聚為車，散住車應有，無有支無支，形車亦非理。」（頁 755）。《廣論》卷21：「如無馬時可得其牛。」（頁 747）

[11]《廣論》卷22：「故於觀察真實義時，一切過難究竟根本，要至立敵相續之中，無有損害名言諸識。」（頁 768）

[12]《廣論》卷22：「如是若我或數取趣，有自性者，亦不能出若一若異，故當觀察我與取蘊，為一性耶，抑為異性。」（頁 762）

[13]《廣論》卷22：「修瑜伽者，先觀我、蘊二是一性，有何過失？於計一品當求過難。佛護論師於此宣說三種過失，謂：計我無義、我應成多、應有生滅。」（頁 762-763）

[14]《廣論》卷22：「若許我、蘊二性是一，妄計有我，全無義利，以是蘊異名故，如月及有兔。《中論》亦說此義，二十七品云：『若除取蘊外，其我定非有，計取蘊即我，汝我全無義。』」（頁 763）

[15]《廣論》卷22：「第二過者，若我與蘊自性是一，一數取趣如有多蘊，我亦應多；如我唯一，蘊亦應一，有斯過失。《入中論》云：『若蘊即我故，蘊多我應多』。」（頁 763）

[16]《廣論》卷22：「第三過者，十八上品云：『若蘊即是我，我應有生滅。』二十七品云：『取性應非我，我應有生滅。』應知此中取即說蘊。」（頁 763）

[17]《廣論》卷22：「若我剎那生滅，我之生滅，應自性有，前後諸我自相應別，若如是者，佛不應說：『爾時我是我乳大王』，我乳之我與佛之我二相別故。」（頁 763）

[18]《廣論》卷22：「譬如天授念宿命時，不作是念：『我是祠授。』若不爾者，前者所授，後者能憶；雖性各異，然不相違，則天授所受，祠受不憶，亦當宣說不同之理，然不可得。」（頁 763-764）

[19]《廣論》卷22：「如名言云：此數取趣受如是身，蘊是所取，我是能取。若許彼二是一，作業作者亦當成一。能斫所斫，瓶及陶師，火與薪等，皆當成一。」（頁767）

[20]《廣論》卷22：「如滿瓶酪置茅屋內鴿住屋頂，雖鴿足爪未入酪瓶，然彼爪跡於酪可得。」（頁766）

[21]凡夫於妄情上，遍計依他起性之法，於是產生「實有我」、「實有法」之妄執性。此種分別計度之妄執性是周遍於一切境者，因此以「遍計」稱之。

[22]《廣論》卷22：「故諸外道增益離蘊異義之我，是未了解我唯假名。又見與蘊一不應理，由邪宗力妄興增益，非彼相續名言諸識，見如是我。」（頁768）

[23]《廣論》卷22：「諸法如沫及芭蕉，猶如幻事若空電，等同水月如陽焰。」（頁774）

[24]《廣論》卷22：「如此顯現，凡諸信解中觀宗義，少聞顯說無性法者，一切皆有。」（頁773）

[25]《廣論》卷22：「然若未得如斯正見，定見增長，則於行品定解損滅。若於行品定解增長，則其定見決定損滅。」（頁774）

[26]《廣論》卷22：「令義現起正理所破。……次當思惟若有此性，決定不出一異道理及於雙方妨難之理，分別思察。引生觀見妨難定解，後當堅固定解補特伽羅全無自性，於此空品應多修習。其次，補特伽羅名言不可遮止，令於心現，即安立此為造業者及受果者，作意思惟諸緣起品，於無自性緣起得成，於成立理當獲定解。若覺彼二現相違時，當善攝取影像等喻，思不違理。」（頁774-775）

[27]《廣論》卷22：「謂如形質所現影像，雖所現為眼耳等事，皆悉是空，然依鏡質緣合則生，若此眾緣有缺則滅，如彼二法同於一事不可遮止。如是補特伽羅，雖無自性若微塵許，然造業者及受果者，又依宿業煩惱而生，皆無相違，當淨修習。」（頁775）

[28]《廣論》卷22：「猶如夜分水中月，顯現無濁澄水中，水月空偽不可取，當知一切法如是。猶如春季日午時，行走士夫為渴逼，於諸陽焰見水聚，當知一切法如是。如於陽焰全無水，有情愚蒙欲飲彼，終不能飲無實水，當知一切法如是。」（頁777-778）

第十章

# 從觀察到勝觀

(1)

宗喀巴主張，悟入真實自性的無二勝觀，必須建立在針對事物存在方式所作的謹慎、思惟的觀察上。他引用某部佛經裡的話，描述一位菩薩以專注於一境的禪定（三摩地）為基礎的勝觀本身，如何會是一種觀察思擇的心：

> **要向內分別思索勝解三摩地所行影像……任何思擇，或……周遍伺察，……或觀見，或通達所知義，即稱為「勝觀」。**[2]

## 勝觀需要觀察

宗喀巴重述一則傳統的故事。在這則故事裡，中國的摩訶衍大師在看過「修習勝觀涉及諸如觀察與思擇等事物」這句話之後，他出言誹謗：「我不知道這怎麼會是佛經！」在挫折沮喪之下，他踐踏了那部佛經。[3]

根據傳統西藏的記述，摩訶衍是第八世紀末期一場辯論的輸家。[4]這場辯論決定西藏是否要遵循來自印度的佛教教法，還是信奉來自中國的佛教教法。摩訶衍簡直無法相信怎麼會有一部佛經把修習勝觀與觀察視為同一件事，因為他相信，任何種類的概念分別都是一種扭曲的增益執。他教導，為了尋求解脫，我們應免除所有觀察的念頭，並以不作意的方式來修習真實。

在整部《廣論》之中，摩訶衍扮演一個代表這種觀點的傳統角色。宗喀巴主張（英譯本《廣論》第3冊，頁16），這種固執己見的態度將讓摩訶衍與所有看法相同的人有一大籮筐的佛經可以踐踏。《寶雲經》（*The Cloud of Jewels Sutra*）說道：

**「寂止」就是心專注於一境；「勝觀」就是觀察思擇。在真正的禪定（三摩地）的基礎之上，令心安住是「寂止」；思擇諸法的智慧即是「勝觀」。**[5]

因此，將使我們走上自在道路的解脫勝觀不是「做白日夢」（spacing out）或「把心掏空」（emptying the mind），它是一種精確的、強而有力的觀察，能夠突破「錯亂顯現」。

宗喀巴指出，印度論師蓮花戒（Kamalashila）在那場辯論之中，從《三摩地王經》引用一段極為貼切的引言來破斥摩訶衍：

**如果你觀察思擇「法無我」，**

如果你在修習中生起那種觀察，
這便是達證涅槃果位的「因」。
除此之外，
再也沒有任何方法能獲得寂滅。[6]

蓮花戒主張：

如果你說一切皆不思惟，便是誹謗具有觀察思擇性質的觀察慧。正確地觀察思擇是通達真實之正智的根本。[7]

## 攝持自心是不夠的

在諸如前一章所描述的觀察正理與菩薩直接、無二的涅槃空性體證之間，有一個非常巨大的鴻溝。很明顯地，摩訶衍不是唯一一個看見這個不可逾越之鴻溝的人，他純粹是被用作象徵那種極端形式之見解的角色。在摩訶衍之後很長一段時間，甚至從宗喀巴的時代直到現在，似乎一直有西藏人在教導此法，因為他們認為覺悟是無二元分立與無概念分別的，所以，我們的修行應該從一開始就效法那種情況到最大的極限。在他們的觀點之中，任何修行只要涉及觀察探尋與真實有關的宗派理解，將會使修行者更進一步地捲入分別（discursive）、二元分立的念頭之中。因此之故，我們應該把心安住在一個無念的狀態之中。他們主張，讓心住於無「境」可執取的狀態，能夠使心與勝義真實相應，因為在空性面前，沒有任何事物存在。[8]

宗喀巴不論其差別性而堅決破除這種態度，他說這個修行者是否已經先了解到，無所緣境的狀態將使他的心符合於勝義真實，因而把心安住於無念的狀態中？宗喀巴說，如果真是如此，那麼事實上，這個修行者就已經研讀與採納「一切事物皆不存在」的宗見，然後再根據這個觀點來修習。因此，他不是真的未從事觀察；相反地，他已經犯了一個觀察的錯誤，並且遮破過度。[9]

當修行者運用勝義觀察來探尋一切事物卻無「境」可尋獲時，那麼「在空性的面前」（in the face of emptiness）找不到任何所緣境的說法就是真確的。然而，這完全不表示勝義智慧的心沒有可了證的所緣境，勝義智慧心通達空性——事物全無自性。如上述所討論的，空性是存在的，空性與緣起、所有的世俗諦完全無違。

在回應這一點方面，這些導師純粹主張，所有對空性或任何其他事物所產生的「分別知」，都充滿二元分立的增益執，我們也因而身陷輪迴。他們不區分正確與不正確的念頭之間的差別，因為所有的念頭都是二元分立的，會帶來更進一步的增益執。因此，他們認為讓心住於無概念分別的狀態中，即可獲得解脫。[10]

宗喀巴除了顯示這種觀點與上述所引用的那些經典相互牴觸之外，他也重申蓮花戒用來駁斥摩訶衍所提出的論證：這種觀點將使修習布施、慈悲、非暴力與許多其他大乘修道的面向，成為一件不可能的事。[11]如眾多經典所描述的，培養這些善德是菩薩道不可或缺的修持，並且需要修行者去思量其他眾生及其需求，才得以養成。如第三章所提及的，正等正覺的成就需要結合智慧的修行與生起福德的善修行。如果修行者認為，智慧抵消其對其他有情眾生的有分別的了解，那麼他將無法生起覺悟之佛的善德。

在一個「無念」教法的描述之中，把追逐其所緣境、分別而充滿概念的心比作丟擲一顆球。在一個念頭追逐其所緣境之後，我們可以使用觀察去尋找心二元分立的戲論，試著去「追緝」這些戲論，如同一隻狗追逐一顆球那般。但是比較好的作法是，在心出去追逐其所緣境之前，就制止它，如同狗在球被丟擲出去之前，跳起來咬走那顆球。[12]就此觀點而言，「學習教理、抉擇見地的人」是次等修行的虔誠信徒。這種次等修行無法企及勝義真實，因為它沒有攻擊問題的根源，即心永無止境的二元分立概念的戲論。[13]

當然，宗喀巴主張，問題不是在於「分別知」本身，而是非常嚴重地視所緣境為自性有的錯亂增益執。這個特定邪分別的影響力呈現在一般的「現前知」與念頭之中，但是錯亂本身卻必須藉由立基於了義經典的謹慎正理來破除。

宗喀巴承認，那些把心保持在無概念分別狀態的人，在那時並不認為事物有自性。另一方面，他們也並未了解「自性」這個東西是虛妄的。因此，他們修行的道路並不會帶來解脫，當他們出定時，便會很快地重新落入尚未被破除之自性的邪分別符咒之中。

[14]在論及有自性的「補特伽羅我」（人我）與有自性的「法我」時，宗喀巴建議：

**你必須清楚分辨這兩種差別：（一）不分別思惟「實有」或「有二我」；（二）通達「無實有」或「無二我」。要記住這個重點。**[15]

不去思惟問題是不夠的，我們必須知道真諦。

如果純粹從念頭中去攝持自心是一條通往解脫的道路，那麼人們只要昏厥或陷入沉睡就可以成佛了。[16]老師們可以朝著學生們的下巴出一記快速上勾拳，來使他們產生一種據稱是「無境」（objectless）的認知。但是暫停所有的念頭正如同把你的頭埋在沙中，或在面對危險時閉上雙眼。[17]

與其活在否認之中，我們必須勇敢地正視自己思惟的錯亂方式，運用觀察來直接地挑戰它，使我們完全地確定這種思惟方式是顛倒的。諸佛之所以被稱為「勝者」（conqueror），是因為他們已經面對無明這個敵人，並且用觀慧（analytical wisdom）的武器徹底地擊敗它。從所有的念頭中去攝持自心不只是一種懦弱的行為，最後它也是徒勞無益、不利於自己的。

## 智慧之道上的寂止

在我們透過之前所描述的觀察、思惟的修習過程，而達到一種甚深的定解，這就是對空性的最初了證。儘管它是一種非常強而有力的體證，但它卻是一種充滿概念分別的、二元分立的理解。我們唯有透過直接、無概念分別、無二的空性體證，才能夠證得涅槃。我們怎麼能夠從二元分立達到「無二」的境界？

為了開始把充滿概念分別、二元分立的空性理解提升為一種「無二」的解脫體證，諸菩薩使用寂止的力量——一種力量強大的禪定，透過安止修而生起，它是在心穩固地專注於一境時，身心變得輕安的一種狀態。心專注於一境的禪定，減弱主體與客體二元分立的感覺。「輕安」是指你的身心是敏銳且堪能的，修行時沒有任何阻滯，你充滿歡喜地把心專注在善的所緣境之上，身體感到輕快靈巧。[18]（見英譯本《廣論》第3冊，頁81-84）

為了生起寂止，你運用正念（注意力保持在一個所緣境之上）與正知（仔細地觀察注意力何時候開始散失）來集中你的心，持續不斷且清晰地維持注意力，毫無散亂。最後，心會安住下來，並自然地住於所修境上。當這個修行生起身心輕安的喜樂時，你就已經成就了寂止。[19]在藏語中，「zhi gnas」（寂止）一詞是指令心馳散於外境的活動靜息（即「寂」〔zhi〕），然後停住（即「止」〔gnas〕）於內所修境之上。[20]

諸菩薩必須學習以這種方式來專注自己的心。正是這個法門創造心的力量，讓菩薩能夠開始從對真實的分別觀察進展到直接、無二的證悟。在以任何所緣境成就寂止，並分別透過觀察而證得空性之後，菩薩學習讓空性本身（在觀察中所建立的定論）成為寂止注意的所緣境。專注於空性的寂止本身仍然是一種充滿概念分別的心，這是因為透過比量觀察而證得的空性本身，是以一種充滿概念分別的影像呈現在菩薩的心上，菩薩正是把這個空性的影像／想法當作修習寂止的專注重點。[21]

## 為勝觀作準備

修行者有可能先觀察空性，甚至先證得空性，然後開始去成就寂止；他也可能在尚未證得空性的情況下成就寂止。不論如何，在首次努力去達到寂止時，修行者一定不可從事密集的「觀察修」（analytical meditation）。這是因為心從觀察一個所緣境到另一個所緣境這種有分別（discursive）的活動，相當不同於禪定專注於一境的無分別住（nondiscursive stability）。宗喀巴說：

**在成就寂止之前，如果你屢屢交替修習觀察與觀後安住，就不可能成就寂止。**[22]

然而，一旦修行者成就寂止，他必須回到「觀察修」，一再地運用正理來證明一切諸法是自性空。

宗喀巴強調，如果在「觀察修」中證得空性一次之後，你只修習安止修，在安止修中，你把心安住在那個定論（空性）之上，將無法生起「真實觀」（true insight）。更確切地說，你必須屢屢地回到觀察之上，運用多種正理，藉以維持你對空性的理解。如此一來，你將會深深地串習於「事物皆空」的定解。宗喀巴說：「因為修行者對所抉擇的意義變得愈加猛利、持久、明晰與堅定，他對正見的定力也會更加猛利、持久、明晰與堅定。」[23]如果你只觀察空性一次，然後只記得自己已證得空性，那麼，要獲得勝觀是不可能的。宗喀巴說：

**當你已經抉擇〔空性見〕之後，你屢屢使用觀察慧來觀察修習。因為僅憑「安住修」（stabilizing meditation），並未維持空性見，將不會生起勝觀。因此之故，當你在成就寂止之後，你必須持續不斷地觀察修習空性見。**[24]

尤其重要的是，宗喀巴強調，觀察思擇是修行者從事禪修必不可少且持續不斷的部分。修行者不是只有在開始的階段從事觀察思擇，直到他能夠成就專注於空性的寂止也是如此，[25]他顯示蓮花戒、月稱、清辨、寂天的論著[26]都支持這個要點。例如，清辨解釋，修習空性是探究事物如何存在的方法，而這種探究是建立在先前成就心的安住基礎之上：「自心住定之後，便要以慧觀察……」[27]這完全不表示在修行者成就寂止之前，沒有空性的觀察；很明顯地，在那之前確實有空性的觀察。然而它強調，即使在成就寂止之後，持續進行觀察的重要性。在六波羅蜜多之中，「禪定」的順序先於「智慧」，也再度支持了這個重點。[28]

另一方面，在成就寂止之後，只從事「觀察修」也不行。正如同你不藉由屢屢觀察以維持對空性的定解，它將會減弱一般，如果你不屢屢重新修持「安住修」，你的寂止力量也會降低。因此，你必須交替地修持「安住修」來強固寂止，以「觀察修」來累積智慧，這是通往無上勝觀的道路。[29]宗喀巴建議我們：

**你交替地修習：（一）對一切「有事」（thing）與「無事」（non-thing）全無如微塵許般的「實有」；（二）令心安住於所獲得的定論之上。**[30]

修行者必須在寂止與觀察之間達到平衡。這兩種修行表面上看似不一致，觀察需要深入事物的自性，但是過度觀察會減弱心的「住分」（stability）。寂止的「住分」需要賦予心專注的力量，但是修行者不可為了重新確定對真實自性所作的定論，而過度專注於所緣境，忘記運用觀察。蓮花戒解釋，當過度的觀察減弱修行者的寂止時，心如同風中的燈燭般搖擺不定，失去專注，因而無法明見真實義。另一方面，如果修行者過度修習專注於空性的寂止，而未用更多的觀察來重新修習空性見的定解，那麼修行者將「如同睡著的人一般，無法明見真實義」。[31]換句話說，心的「住分」是穩固的，但是所緣境的明晰——空性，卻因為沒有運用更多的觀察來重新修習而減弱。

## 勝觀

最後，在經過長時間的修行之後，諸菩薩的觀慧本身任運地引生寂止充滿喜樂與輕安的狀態。「勝觀」（insight；藏lhag mthong）一詞是指觀慧；在同一座修法之中，在沒有干擾或費力的情況下，這種觀慧引生專注於修行者正在觀察之所緣境的寂止。就字義而言，「勝觀」是指一種殊勝的或卓越（藏lhag pa）的見解（seeing；藏mthong）。[32]在這個修行之中，甚深的勝觀自然地引生寂止，被稱為「止觀雙運」（the union of serenity and insight）。

「止觀雙運」融合觀察的力量與無上的「專注一趣」（one-pointed focus，寂止），它是心充滿力量地觀察思擇其所緣境，並且不離輕安與心一境性的禪定。宗喀巴說，我們不應把它想成「就像小魚在水底游動，而不會擾亂靜止的湖水一般」。[33]這個引人矚目的意象暗示，某些西藏人把「止觀雙運」解釋為一種聚合而成的心之狀態，在這種心的狀態內，只有一部分的心深入觀察勝義真實，而沒有擾動廣大寂靜的心海。相反地，宗喀巴把「止觀雙運」視為一個完全具有能力、活躍的觀察識，以寂止與如雷射般的專注深入其所緣境。

觀慧只有在它能夠引生寂止時，才被稱為「勝觀」。在這之前，深刻的觀慧被視為「隨順觀」（an approximation of insight）。因此，修行者不會先成就「真實觀」，而是在從事更多的修行之後，勝觀才結合寂止。[34]宗喀巴說：「初次獲得勝觀時，便能獲得雙運。」[35]在同一座修習內，當觀察引生寂止，並且與其融合之際，這種觀慧即是「真實毘缽舍那」。

在此，我們關注的是「法」之勝義自性的觀察與專注於其上的寂止，是事物，因此值得注意的是，寂止與勝觀可能會各自專注於一切諸法的勝義自性（空性），或專注於名言的所修境。有時，「勝觀」一詞可以指觀擇某個名言境的觀慧，例如「無常」這個名言境，只要那種智慧能夠引生專注於那個所緣境的寂止即可。

悟入空性的勝觀成就是在修行之道上前進的一個關鍵步驟。藉由結合勝觀與寂止的殊勝力量，使我們對勝義真實的認知達到穩定的程度。然而，即使在這個時刻，勝觀仍然是一種對空性充滿概念分別的了知。由於心執取與專注於一個空性的影像或想法之上，因此它是二元分立的。此時，諸菩薩透過那種心理表徵（mental representation）的媒介來通達空性。對某件事物充滿概念分別的理解（儘管這種理解是甚深的），能夠為我們對相同的所緣境產生無二的「現前知」來作好準備嗎？

宗喀巴在《廣論》裡所提出的一個重要訊息，即是針對這個問題所提出的答案：「是的，絕對可以。如果你知道自己在做什麼的話。此外，唯有從分別觀察（conceptual analysis）著手，你才有機會以一種直接、無二的方式來通達勝義真實。」為了支持這個觀點，宗喀巴引用佛陀在《迦葉品》（*Kashyapa Chpater Sutra*，或《迦葉問品》）裡的教導：

**迦葉！它是這樣的。例如，兩棵樹因風搖動，彼此摩擦而起火，因而燒毀兩棵樹。同樣地，迦葉！以正確的觀察思擇而生起聖者的慧根也是如此，因為這種慧根生起後，正確的觀察思擇就會自己燃燒殆盡。**[36]

換句話說，對空性充滿力量的正確觀察，儘管是充滿概念分別且二元分立的，但是卻能夠生起勝義心，即對空性之無概念分別、直接的「現前知」。這種直接的證悟是完全無二元分立的。在這種智慧之火之中，所有原本觀察的二元分立，都被燃燒殆盡。

某些人可能會提出異議，認為這是一種相互矛盾的說法，因為在「因」（二元分立的觀察）與「果」（無二智）之間並不相似。宗喀巴指出，「因」與其「果」之間常常有相當大的差異，例如，火不像煙；灰色的種子不像綠色的芽。但在這種情況下，「因」與「果」之間卻極為相似，因為兩者都是通達無我空義的智慧形式。[37]

為了強化這個要點，宗喀巴回頭引用《三摩地王經》裡的一個段落。就某種意義而言，整部《廣論》論「勝觀」的部分，可以被視為是針對《三摩地王經》裡一個引人注目的小段落所作的詳細闡釋：(38)

**如果你觀察思擇「法無我」，**
**如果你在修習中生起那種觀察，**
**這便是達證涅槃果位的「因」。**

除此之外，
再也沒有任何方法能獲得寂滅。

## 一個完整的修行

在本書中，我們已經以一種審慎的方式，部分地解釋宗喀巴在《廣論》裡所教導的勝觀。這些內容可讓讀者有一個好的開始，去理解宗喀巴對修習空性的看法，但是它也扭曲了宗喀巴教法的整個訊息。對宗喀巴而言，一個絕對必不可少的重點在於，我們不應急著去追求自認為的「比較高深的」修行，卻忽略作為修行之道基礎的基本三學，而這個重點構成《廣論》整個概念與設計的基礎。如宗喀巴所說的：

**某些人說，只要把精力擴展到修習安住自己的心，以及理解見地之上，而可無知於之前所有修習的要旨，但是這種作法將使我們極難取得心要。因此，你必須對修行之道的整個過程生起定解。**[39]

宗喀巴建議，每個人必須從基礎的修行進展到更高階的修學。此外，當你修學嶄新的、更高深的修行法門時，你必須再度修持之前所修習的法門，藉以時時刻刻「令自心平衡」。[40]在你已經成就基本修行法門很長一段時間後，你應回頭去修習這些法門，藉以更新、維持、強化你對上師的信心，對無常、業、死亡的了解與對輪迴的厭離，以及你所立下的任何誓戒，還有為了利益一切有情眾生而達到覺悟的願望。[41]

宗喀巴提出以下的主張，為《廣論》作總結：我們必須進入金剛乘（Vajrayana）之道，即佛教密續的修行。然而，在進入金剛乘之道前，「你必須已經修學顯經與密咒的共道」。換句話說，在《廣論》裡所提出的、所有大乘佛教共同的修行的重點，都是我們修行的基礎，如果沒有這個基礎，我們就不適合密續獨特的修行法門。宗喀巴教導我們，在一個適當的基礎上，進入並修持佛教密續，將使我們的人生具足意義。我們將為一切眾生帶來快樂，把佛陀教法的利益推展到自己與其他眾生的心續之中。[42]

## 【注釋】

(1) 本章內容主要依據英譯本《廣論》第3冊，第25-27章。（譯按：漢譯本《廣論》卷23-24）

[2]《廣論》卷14：「即於如所善思惟法內三摩地所行影像觀察勝解，即於如是勝三摩地所行影像所知義中，能正思擇，最極思擇，周遍尋思，周遍伺察，若忍、若樂、若覺、若見、若觀，是名毘缽舍那。」（頁529）

[3] 此部佛經即為《解深密經》。《廣論》卷14：「傳說支那堪布見已謗云：『此是經否，不得而知。』用足毀踏。」（頁529）

[4] 參見第二章注[10]。

[5]《廣論》卷14：「奢摩他者，謂心一境性；毘缽舍那者，謂正觀察。」（頁530）

[6]《廣論》卷14：「若觀法無我，觀已善修習，是證涅槃因，非餘能寂滅。」（頁535）

[7]《廣論》卷23：「言不思惟，謗觀察慧，審觀察慧是正智本。」（頁799）

[8]《廣論》卷23：「如是住心與彼實義隨順轉故，以境全非有，心全無執故。」（頁797）

[9]《廣論》卷23：「如是修者，於諸諸界全無所有，為已了知全無所有，次隨順彼心全無執而安住耶？……若如初者，云彼未得正見而成相違，汝許彼是了義見故。若如我說彼乃未明正理所破界限，凡有所許，便見正理之所違害。」（頁798）

[10]《廣論》卷23：「若謂任隨分別何事，一切分別，皆繫生死，故無分別住，是解脫道。」（頁798-799）

[11]《廣論》卷23：「若全不思惟，全不造作，則解脫生死，以是因緣，當全不思惟，全不應修施等善行，……彼乃誹謗一切大乘。」（頁799）

[12]《廣論》卷23：「若多觀察二我相執之境，其次乃斷能執之心。——如犬逐石，是名由外斷截戲論，故從最初持心不散，如犬逐咬擲石之手。」（頁800）

[13]《廣論》卷23：「故學教理抉擇正見，唯於名言漂流隨轉，此乃最下邪見。」（頁800）

[14]《廣論》卷23：「須從根本傾彼謬妄；若全未得如斯定解，唯持其心，爾時於二我境雖未流散，然非唯彼證無我義。」（頁800）

[15]《廣論》卷24：「故於實有及於二有不起分別與達無實及無二我，應善分別最為切要。」（頁811）

[16]《廣論》卷23：「若不爾者，則重睡眠悶絕等位，彼心無散，彼等亦當通達無我，太為過失。」（頁800）

[17]《廣論》卷23：「猶如戰時，不效勇士張目善觀怨敵所在而相擊刺，反如怯兵，見他強敵，閉目待死。」（頁801）

[18]《廣論》卷16：「應知輕安如《集論》示：『云何輕安？謂：止息身心粗重身心堪能性，除遣一切障礙為業。』……如安慧論師云：『身堪能者，謂於身所作事輕利生起。心堪能者，謂趣正思惟，令心適悅輕利之因心所有法。由此相應於所緣境無滯運轉，是故名為心堪能性。』」（頁592-593）

[19]《廣論》卷14：「由念正知令能緣心於所緣境相續安住而不散亂，故心於境能任運住，若時生起身心輕安所有喜樂，此三摩地即奢摩他。」（頁529）

[20]《廣論》卷14：「若能止心於外境轉，住內所緣即說名止。」（頁531）

[21]《廣論》卷14：「盡所有性、如所有性無分別影像者，是止所緣。」（頁531）

[22]《廣論》卷24：「若未成就奢摩他前，數數觀察雜修止相，定不能成正奢摩他。」（頁824）

[23]《廣論》卷24：「前以聞思雖已抉擇，更當修習所抉擇故。如幾許修所抉擇義，則有爾許猛利、恆常、明了、堅固定解等德可現見故。」（頁808）

[24]《廣論》卷24：「謂初抉擇時，由多教理觀察抉擇。既抉擇已，不以觀慧數思擇修，唯止住修猶不能生，故成奢摩他後，正修觀時當觀察修。」（頁807）

[25]《廣論》卷24：「皆說成就奢摩他後，正修觀時數觀察修。」（頁809）

[26]《廣論》卷24：「《入中論》云：『故瑜伽師先破我』說正修時應修思擇。……《中觀心論》云：『具慧住定後，於名言所取，彼諸法有事，以慧如是觀。』釋論說為生定之後，見觀察修，《入行論》中依靜慮品修奢摩他，次修般若說以正理，觀擇修故。」（頁809）

[27]《廣論》卷24：「具慧住定後，於名言所取，彼諸法有事，以慧如是觀。」（頁809）

[28]《廣論》卷14：「又『依前而生後』說六度中靜慮與般若之次第，及依增上定學而生增上慧學之次第，皆先修止而後修觀。」（頁538）

[29]《廣論》卷24：「如是成就奢摩他後，若修觀時純修觀察，前止失壞復未新修，則無寂止，由無止故觀亦不生，已如前說，故須雙修前安住止及新修觀，謂修觀後即於彼義而修寂止，故緣無我而能修成止觀雙運。」（頁809-810）

[30]《廣論》卷24：「如是應於有事、無事決定全無塵許實性引生定解及當安住所決斷義，迭次而修。」（頁811）

[31]《廣論》卷24：「若時多修毘鉢舍那智慧增上，由奢摩他力微劣故，如風中燭令心搖動，不能明了見真實義，故於爾時當修正奢摩他。若奢摩他勢力增上，如睡眠人，不能明了見真實義，故於爾時當修智慧。」（頁817）

[32]《廣論》卷14：「增上觀照即名勝觀。」（頁531）

[33]《廣論》卷24：「是故唯於未壞堅穩無分別住，兼能觀察無我空義，猶如小魚游安靜水，不當誤為止觀雙運。」（頁825）

[34]《廣論》卷24：「如是觀慧觀擇修習，乃至未生前說輕安，是名隨順毘缽舍那。生輕安已，乃是真實毘缽舍那。」（頁819）

[35]《廣論》卷24：「初得毘缽舍那即得雙運；其中道理，謂依先得奢摩他故，修正觀察。」（頁822）

[36]《廣論》卷24：「《迦葉問品》云：「迦葉！譬如兩樹為風振觸便有火生，其火生已，還焚兩樹。迦葉！如是觀察，生聖慧根，聖慧生已，燒彼觀察。」（頁811）

[37]《廣論》卷24：「因果二法不相似故，如是白種發生青芽，從火生煙，從女生男，現有彼等無邊因果極不相似。又聖無分別智，是已現證二我執境空無我義，為生彼故現當思擇我執之境，通達彼無而善修習。彼雖亦是分別，然是無分別智極隨順之因。」（頁812）

(38)《廣論》引用這首偈頌三次。在論「寂止」部分的開始（英譯本《廣論》第3卷，頁22），以及在論「勝觀」部分的開始與結尾（英譯本《廣論》第3卷，頁108、345）。在本書中，我在第十章首次引用這首偈頌。

[39]《廣論》卷24：「若於前者全無所有，專修心住，專樂見解，難至宗要，故須對於圓滿道體引生定解。」（頁826-827）

[40]《廣論》卷24：「修彼等時，亦當聰利，令心平等。」（頁827）

[41]《廣論》卷24：「如是若心不樂修行，當修暇滿，若著現法，當修無常；惡趣過患以為主要。若覺漫緩所受佛制，當自思惟是於業果定解劣弱，則以修習業果為主。若於生死缽少厭患，求解脫心，則成虛言，故當思惟生死過患。若凡所作皆為利益有情之心不猛利者，是則斷絕大乘根本，故當多修願心及因。」（頁827）

[42]《廣論》卷24：「能如是學，即是修學總攝一切經咒宗要，圓滿道體，令得暇身具足義利，能於自他增廣佛教。」（頁829）

# 致謝詞

本書的想法是宗喀巴的想法。在尋找精鍊與重現這些想法的方法時，我特別受助於伊莉莎白・納波（Elizabeth Napper）與傑弗瑞・霍普金斯（Jeffrey Hopkins）所出版的著作，尤其是納波的《緣起與空性》（*Dependent-Arising and Emptiness*, Wisdom Publications, 1989）、《改變的心》（*Changing Minds*, Snow Lion Publications, 2001）裡的「戒律為密續傳統之基」（Ethics as the Basis of a Tantric Tradition），以及霍普金斯的《修習空性》（*Meditation on Emptiness*, Wisdom Publications, 1983）、《空性瑜伽》（*Emptiness Yoga*, Snow Lion Publications, 1987）與「概述中觀宗不同之空性見」（A Tibetan Delineation of Different Views of Emptiness in the Middle Way School, in Tibet Journal 14, no.1[1989]）。

我在印度師從格西帕登・札巴（Geshe Palden Drakpa）與甘・洛桑・嘉措（Gen Losang Gyatso），讓我得以準備就緒，把宗喀巴的教法概念化，並且加以呈現。格西帕登・札巴注意我所提出的問題，並且懷著大悲心，進一步地提示我需要去了解中觀，而其中的一些線索直接帶領我進入《廣論》。

我也感謝唐納・羅佩茲（Donald S. Lopez, Jr），他是我的第一個藏文教師，也是提出《廣論》翻譯計畫的人。在我多年思考空性的過程當中，我因為與許多其他人結緣而受到進一步協助，其中包括傑．加菲爾德（Jay Garfield）、威廉．馬基（William Magee）、安．克蘭（Anne Klein）、丹．科索（Dan Cozort）、喬治斯．德雷弗斯（Georges Dreyfus）與大衛．洛伊（David Loy）。

在撰寫有關空性的內容，同時努力把學者的行話減至最低的程度時，我受到許多有此經驗的作者與上師的鼓舞和啟發，其中包括傑弗瑞．霍普金斯撰寫的《密續之特徵》（*The Tantric Distinction*, Wisdom Publications, 1984）、保羅．威廉斯（Paul Williams）的「助產士的中觀」（Madhyamaka for Midwives, in *The Middle Way* 66 [1992]），鮑伯．舒曼（Bob Thurman）、大衛．洛伊、羅傑．寇列斯（Roger Corless）、羅伯特．艾金（Robert Aitken）、蓋瑞．辛德（Gary Snyder）、一行禪師（Thich Nhat Hanh）、鈴木俊隆（Shunryu Suzuki）、喇嘛耶喜（Lama Yeshe）、甘蘇．列登（Kensur Lekden）、格西拉登（Geshe Rabten）與法王達賴喇嘛丹增．嘉措（Tenzin Gyatso）。我也要感謝密西根中央大學（Central Michigan University）的學生，因為他們真心地想要理解空性，而要求我以另一種方式來再度解釋空性。

我特別要感謝圖丹．卻准（Thubten Chodron）與席德尼．皮本（Sidney Piburn）對本書的原稿所提出的無價評論。我也要感謝凱．慕曼包爾（Kai Mummenbrauer）的校正，麥克．瓦可夫（Michael Wakoff）與史提夫．羅德斯（Steve Rhodes）的編輯，以及蓋貝爾．紐蘭（Gabriel Newland）的有益建議。

我感謝我的妻子凡雷莉・史帝芬斯（Valerie Stephens）的愛與支持。

這本書的精神源自戴安娜・克特勒（Diana Cutler）對佛法的熱愛。一路走來，她與約書亞啟發我，鼓舞我，並且提供我所需要的鼓勵與財物的支持。沒有她，本書不會存在。我把本書獻給格西阿旺・旺嘉（Geshe Ngawang Wangyal），以及我們的慈悲上師法王達賴喇嘛。

# 附錄

# 各章精要

## 第一章

◆快樂取決觀見我們與其他眾生之間的深刻連繫。我們之所以承受無謂的痛苦，是因為我們固執地認為，我們藉由自己個人的體性而獨立地存在。

◆空性是指任何本具自性或真實本質完全不存在。空性不代表「空無」（nothingness）或「了無意義」（meaninglessness）。它是指事物的存在只是相互依存，並無任何獨立的自性。

◆了知空性能夠讓我們獲得解脫自在。我們目前的限制與過失並未被困在自性之中。我們的心是開放的，甚至對徹底的轉變也是開放的。

◆通往佛之圓滿安樂之道需要：（一）理解無「自性有」的智慧；（二）尋求解脫一切眾生痛苦的慈悲。智慧與慈悲兩者——關心眾生，以及了解一切皆空，能夠共同帶來覺悟。

◆智慧不只是觀見勝義真實——空性，也是指在世俗的層次上，謹慎地辨別什麼是修行與幫助他人的最佳方式。

◆為了生起通達空性的甚深智慧，首先我們要在一個具格上師的引導之下研讀經典，並且仔細地思惟經典的意義。「研讀」本身即是一種修行的形式；「修習」則是深入地熟悉我們已經研讀與理解的事物。

◆快樂源自善法，所有的善法則來自以無散亂的心思惟法義。因此，成佛之道包括使心安住於圓滿的無散亂之中，並且修學通往修習勝觀的觀察。

## 第二章

◆覺悟之道包括在修習中，從邏輯的角度破除有個自性的「實我」（real self）的感覺。接著，諸菩薩逐漸地剝除這個知識二元分立與充滿概念分別的面向，直到他們直接而「無二」地體證空性為止。

◆在佛教之道上的戒、定、慧三學之中，前兩者與許多外道的教法相類似。而源於觀察修的智慧，才是佛教獨一無二之處，它深入勝義真實的自性。

◆為了替此智慧作準備，我們必須研讀與思惟了義經，例如教導我們空性是真實的勝義自性的「般若波羅蜜多經」等。為了理解這些典籍，我們可以仰賴中觀的詮釋者，例如龍樹、聖天、佛護、月稱與寂天。

◆智慧根除無明或愚痴，這兩者是一切痛苦的根源。這種無明是一個虛構自性的心，一切事物實際上都無這種自性。這種自性或體性有時也稱為「我」（self）。

◆補特伽羅全無自性是「補特伽羅無我」（人無我）；諸法全無自性是「法無我」。這兩種「無我」並非這一種比另一種更深奧；在考量它們與不同事物之間的關係時，兩者是相同的特質——空性。

# 第三章

◆藉由把心放在一個「無念」（thoughtless）的情況之中，而使心離於錯亂的想法，這種作法是不夠的，反而會讓無明的根源保持完整無缺。我們有必要去深思與認清一個自性之「我」的概念分別，然後運用觀察來破除它。

◆重要的是，我們要非常準確地認清無明是如何錯誤地執取事物，如此我們就不會遮破太少或遮破過度。遮破過度會損害戒律，並且導致斷見。

◆中觀或中道教導我們，緣起與空性是完全無違的。在徹底的空性之內，「果」從它們各別的因緣中生起。

◆一張臉的影像虛妄地顯現為一張臉，但是它仍然存在，它從眾緣中生起，並產生結果。類似地，桌子、椅子、補特伽羅等，都透過它們各自的自性虛妄地顯現而存在，但是它們存在於名言中，並發揮作用。

# 第四章

◆沒有任何事物可以禁得起勝義觀察。當我們質疑事物自性的勝義狀態時，會發現一切事物皆空。

◆然而，這種觀察並不會破除事物。在勝義觀察之下並未發現事物，這意味事物在勝義觀察之下，找不到任何勝義的或本具的自性。事物只存在於名言中，這表示它們確實存在。

◆正如同不論我們如何仔細地觀看，我們都看不見聲音，即使在勝義觀察之下找不到事物，事物仍然存在於名言中。如同眼睛能看與耳朵能聽，或如同兩個不同的電台頻道，名言認知（conventional knowledge，名言識）與勝義認知（ultimate knowledge，勝義識）是取得有用的世界資訊的獨特而正量的方式。

◆在修行之道上，兩種認知都是必要的：「勝義認知」理解空性，因此使我們有可能逃脫輪迴；「名言認知」區別對與錯，對存在於名言中的補特伽羅生起慈悲。

◆沒有任何事物存在於勝義中，因為一切事物在勝義觀察之下都找不到自性。一切事物，甚至包括空性在內，都只存在於名言中。

◆「名言有」是指：（一）這件事物必須是「名言識」（conventional consciousness）所認知；（二）這件事物不會受「名言認知」所駁斥；（三）這件事物不會受「勝義認知」所駁斥。

◆例如，在名言心（conventional mind）面前顯現的桌子，被「名言認知」成立為一張桌子，即使被「勝義認知」發現它是「空」的，但是它仍然存在。一張臉的影像顯現在名言心面前，但是卻受「名言認知」所駁斥。擁有一個自性的「我」的補特伽羅顯現在名言心面前，並不會受「名言認知」所駁斥，卻受到「勝義認知」的駁斥。

## 第五章

◆我們的感官受到事物存在的方式的欺惑。事物顯現在感官面前，彷彿它們的成立是客觀、獨立、自性真實（real）的，但它們實際上並非如此。

◆儘管如此，當我們的感官並未受到迴響、視覺幻象（optical illusion）、疾病、藥物等的損害時，它們仍然是知道事物存在的可靠知識來源。一張桌子虛妄地顯現，彷彿它們是自性真實的，但是我們運用自己的感官，知道有一張桌子。

◆即使在名言中，事物以一種誇大的方式虛妄地顯現在我們的感官面前，仍然沒有任何事物存在。

◆如果世界確實以一種堅實的方式存在，而顯現在我們的感官面前，那麼從因緣生起的事物，必須是一個「自生」、「他生」、「共生」或「無因生」的實事（real thing）。然而，在這些選擇之中，沒有一個發揮作用。

◆這不是在破除事物是「緣生」（依緣而生），它不是在破除緣起，而是在破除「生」的「錯亂顯現」，以及事物是自性真實的這件事。它破除我們的感官所呈現的那種存在，而我們習慣地把這種存在視為理所當然。

◆龍樹不留情地攻擊無明看待事物的扭曲方式，宗喀巴完全接受龍樹的見解。為了因應他身處時代的需求，宗喀巴重新組織龍樹的觀點，強調深入空性而不落入斷見的必要。

# 第六章

◆空性是存在的，它是一種完全的「無」——無自性。極大的傷害從自性存在的錯亂想法中生起，因此全無這樣的自性是極為重要的。

◆空性也是勝義真實。當我們對任何事物提出「它究竟是什麼」的疑問時，我們在搜尋的盡頭所知道的只有「空性」。

◆勝義智慧通達空性，但是空性只存在於名言中。當我們探詢空性的自性時，我們發現，空性本身空無任何可執取的自性。龍樹教導我們不應執著空見，這表示我們不應視空性為自性真實。

◆「自性」（nature）一詞可以指：（一）暖性為火的名言性質；（二）無明假立之事物的自性；（三）事物為「空」的勝義自性。龍樹注釋，「自性」是指「非新作，及不依他」（並非被造作，亦不依仗其他事物）的事物；月稱則指它是勝義自性。事物不能是「非空」（nonempty）的；它們不在特定的時間變成「空」；它們必須是「空」的，也一直是「空」的。

◆因此，空性不依仗因緣，但是它仍然如緣起般，一直只存在於名言中。如果要說空性存在，那麼必須要有一個通達空性的心，並安立：「空性存在」。

◆宗喀巴批評「他空性」的觀點。在這種觀點之中，解脫是透過修習真實的（real）勝義真實而成就，而此勝義真實空無名言事物，卻非空無其本身的自性。真正的解脫唯有透過證得一切存在事物都無任何實性或自性，才能成就。

# 第七章

◆事物改變，代表事物透過自性而存在是「空」的。然而，無常不同於空性，如果我們只破除事物恆常不變的想法，對證得空性而言，就會遮破不足。

◆事物是「空」的，所有事物的存在只是緣起。事物之所以是緣起，部分是因為它們唯有依仗概念分別的安立才會存在。在中觀之內，這種特別的緣起意義是非常重要的。

◆無明是痛苦的根源，它計執事物具有其自己存在的方式，無須透過根識的力量而安立。擁有這樣的存在方式，等於是擁有自性。

◆例如，字母「A」與金錢的名言性質幫助我們了解到，事物可以僅僅是名言的，但仍然能夠完整地發揮作用。宗喀巴主張，一切事物都是如此。當我們不理會事物是如何顯現在這個或那個根識的面前，並且探詢「事物本身是什麼樣貌」時，我們無法指出任何事物。

◆事物依仗主體與客體的關係，但這並不表示我們所想像的一切都是真實的。由於夢、受損的視力等之緣故，我們錯亂地認知完全不存在的事物。

◆不同種類的眾生（天眾、人類、鬼與畜生），可能會對在特定時間與地點呈現的事物，產生不同的但同樣正確的認知。這是可能的，因為事物不具有獨立而客觀的存在。

## 第八章

◆宗喀巴把中觀宗區分為月稱的應成派與清辨的自續派。他認為月稱擁有正見。

◆所有的中觀師都同意，就沒有任何事物禁得起勝義觀察而言，一切事物皆空，即一切事物於勝義中皆空。然而，自續中觀師承認事物具有自性，例如事物顯現於我們的感官、名言之中。應成師則主張，如果事物真的有自性，那麼在勝義觀察之下，必定找得到事物。由於在勝義觀察之下，我們找不到事物，因此一切事物無自性，甚至在名言之中也是如此。

◆在印度的中觀教典中，這個宗見上的差異並不是非常明顯。宗喀巴從仔細閱讀佛護、清辨與月稱的著作，尤其是從他們辯論如何以最佳的方式架構中觀的論點，來幫助其他人證得空性，而推斷出這個宗見上的差異。

◆清辨主張，論點必須被設計為古典的「三支論式」，而這個論證法需要一個共同而明顯的辯論主題。由於論敵假設事物具有自性，這暗示在名言的層次上，清辨也承認事物具有自性的論點。

◆月稱偏愛「應成論式」，以引出對手觀點的內在矛盾。這顯示月稱不相信有個共同的、明顯的所緣境，可以與實事師進行辯論。這是因為月稱甚至反對「名言有」的自性顯現在我們的感官面前。

◆在與非中觀師進行辯論時偏愛使用「應成論式」，不表示應成派沒有見地或立場。他們持有「一切事物自性空」的觀點，並且將在「三支論式」中確立這種觀點，使他們的論敵透過之前的論辯而從中獲益。

# 第九章

◆中觀觀察，在破除「我」或自性時，首先要認清「我」將會是所破境。然後，提出一個廣泛的、自我存在方式的清單，接著針對這些存在方式一一加以遮破。

◆宗喀巴提出「離一與異」作為這種正理的一個例子。首先，把它應用在一輛馬車之上，然後應用在補特伽羅上。如果一輛馬車具有自性，那麼根據它顯現在我們面前的方式，馬車也必須與它的支分（零件）同一或相異。

◆馬車不可能與它的支分同一，因為馬車是「一」，支分是「多」；也因為我們說馬車有它的支分，那麼「能作者」（馬車）可以是「所作事」（支分）嗎？但是馬車不可能與其支分體性相異，因為如果馬車與支分體性相異，我們就能夠分別觀察到馬車與其支分，如同我們可以分別地看到馬與牛一般。

◆由於同類的觀察適用於補特伽羅，因此，補特伽羅無任何自性。然而，補特伽羅是一個緣起，它確實存在於名義上、名言中。每個人都是獨一無二的，可以有效地行動，但是這種力量並非源自一個個人的核心或自體。補特伽羅唯有依仗一個不斷變換的因緣網絡，才能夠存在與行動。這之所以是可能的，僅僅是因為人們空無任何固定不變的自性。

◆修習，包括修習正理在內，常常產生一種改變的認知狀態，而顯現看似在這些狀態中閃閃發光。然而，唯有我們通達空性，並且看見它只不過這些空虛的補特伽羅造業，以及體驗果報，我們才會對事物如幻的性質產生真正的理解。

## 第十章

◆我們唯有先觀擇無我，然後在修習中培養那種觀察，才會證得涅槃。如果我們攝持自心，而進入一種暫時離於展現無明的無概念分別狀態，將不會有所幫助。

◆理解空性的分別觀察（discursive analysis）是無二涅槃的初步，但卻相當不同於無二涅槃。縮短其間距離的方式，在於結合觀慧的觀擇力量與寂止的「住分」（stability）與專注。

◆「寂止」意指當心專注於一境、圓滿明晰地住於所緣境之上，身心變得輕安——堪能與敏銳。寂止是透過修習心而生起，對選擇的所緣境保持正念，而在心散亂或甚至在安住與明晰中稍微失去穩定時，保持正知。

◆在分別生起寂止與空性的觀察慧之後，諸菩薩在以下兩個時期之間交替地修習：（一）使心安住在專注於空性的寂止之中；（二）透過進一步的分別觀察，重新修習對空性的敏銳觀擇。

◆當觀察本身任運地引生寂止時，觀擇與寂止的力量在其中融合的智慧被稱為「勝觀」。「勝觀」是一種完全活躍、具有能力的觀察識，用穩定與如雷射般的專注深入其所緣境。

◆勝觀仍然是一種對空性充滿概念分別的了知，因為我們是透過顯現在心上之空性的意象或想法來修習空性。然而，因為心深入洞察勝義真實，保持穩定與明晰，這個修行將帶領我們獲得對涅槃的無二了證。

◆修習空性需要結合許多其他的修行法門，藉以為進入密續或金剛乘的修行建立一個適當的基礎。

# 名詞解釋

## 三畫

**三支論式**（syllogism；藏'byor ba）：一種論證法，其形式為「關於X，Y之所以如此，是因為Z，如同Q那般」。舉例來說，「我的身體之所以是無常的，因為它是因緣所生，正如同晨露那般。」

**小乘**（Hinayana；藏theg dman）：以尋求個人的解脫為基礎，而非以為了一切有情眾生而成佛之願望為基礎的佛教之道；也指與這條修行之道有關的宗派。

**大乘**（Mahayana；藏theg chen）：以懷著菩提心與為了一切有情眾生而成佛之願望為基礎的佛教之道；也指與此佛教之道有關的哲學系統。

**上師**（spiritual teacher；藏bla ma）：在修行之道上，上師是修行者依止的指引。

## 四畫

**心**（mind；藏blo）：不是「藏識」（container of consciousness，阿賴耶識），而是「覺

知」（awareness，藏sems）與「認知」（consciouness，藏shes pa）的同義字，即對任何所緣境所產生的主觀經驗。

**化身**（embodiment of form，藏gzugs sku）：佛之正等正覺的一個面向，源自在菩薩道上累積廣大福德的印記（imprint）〔或「果」〕。

**分別心**（discursive mind，藏rtog pa）：思考的心，即概念分別心（conceptual consciousness）。在分別心之中，心並不專注於一境，而是從一個所緣境移動到另一個所緣境。根據文義脈絡，同一個藏文詞彙也代表任何概念分別的心，即使並非所有的概念分別的心都是分別的（discursive）。例如在證得涅槃之前、專注於空性的寂止也是概念分別的，但卻是無分別的（nondiscursive）。

**分別知**（conceptual thought，藏rtog pa）：透過內在的心理意象而了解其所緣境的一種認知（consciousness）；一般而言，這個內在的心理意象即代表那個所緣境。「分別知」不同於「現前知」（perception），後者是指對直接顯現的所緣境的認知。

**六度**（perfections，藏pha rol tu phyin pa）：菩薩道所修持的善德。

**幻象**（illusory，藏sgyu ma lta bu）：顯現在心上的事物，但其本身卻非客觀地存在。當修行者從修習空性的修法下座時，可能有認知事物如幻本質的體證。

**月稱**（Chandrakirti）：許多重要中觀教典的印度作者，其著作包括一本針對龍樹之《中論》所作的論釋。在這部論釋中，他為佛護辯護來對抗清辨，因此開始了應成派的傳承。

**中觀**（Madhyamaka；藏dbu ma）：大乘哲學傳統，以龍樹為先驅。在此傳統之中，沒有任何事物存在於勝義中。

**止觀雙運**（union of serenity and insight；藏zhi lhag zung 'brel）：一種修習的狀態，在此狀態之中，觀慧直接引生寂止，並與寂止融合在一起。

## 五畫

**四句**（tetralemma）：破除任何存在事物「勝義有」之「生」的四支論證。（譯按：即肯定、否定、複肯定、複否或有、無、亦有亦無、非有非無定等四重分判方式。）

**正念**（mindfulness；藏dran pa）：即不忘失你注意的所緣境，尤其是指心的專注，它的特徵是不因修習的所緣境而散亂。

**正知**（vigilance；藏shes bzhin）：在修持「安住修」時，心正確地監視修行者是散亂或掉舉。例如，它包括讓你注意到自己對禪修所緣境正變得散亂的心的特質。

**正理**（reasoning；藏rig pa）：一種論證，運用它可得出比量知；建構與運用這種論證的一般過程。

**世俗諦**（conventional truth；藏kun rdzob bden pa）：被世俗的心所發現的所緣境，這種世俗的心沒有觀察事物的勝義自性。這包括除了空性之外的所有存在的事物，不存在的事物並未被包含在世俗諦之內。

## 六畫

**安住修**（stabilizing meditation；藏'jog sgom）：使心處於或重新處於穩定、專注於一境狀態的禪修。

**因明**（logic；藏tog ge。或譯為「邏輯」）：形成與評估正理論證的正規系統。

**自性**（intrinsic nature；藏rang bzhin）：某件事物藉由自性而具有一種獨立的存在方式，無須透過認知的力量。無絲毫自性即是空性。

**自性**（nature；藏rang bzhin。或譯為「本質」）：可以指：（一）一種存在事物的名言特質，例如火的熱性；（二）事物以其自己力量而存在的一種自性；（三）一切事物的究竟本質，即事物的本具空性。

**自相有**（inherent existence；藏rang gi mtshan nyid gyi grub pa）：事物藉由其自性或體性之相而存在。

**自續派**（Svatantrika；藏rang rgyud pa）：一種中觀傳統，始於清辨的著作。根據宗喀巴的說法，此派以這樣的觀點為特徵：沒有任何事物存在於勝義中，但是在名言中事物確實擁有自性。

**自續三支論式**（autonomous syllogism；藏rang rgyud）：一種三支論式，此論式的每個部分都由相同種類的正智（valid knowledge）所建立，並且是為了立敵雙方而建立。這論式之所以能成立，是因為立敵雙方都認為所緣境的自性與此有關。

**自體**（essence；藏rang gi ngo bo nyid）：「自己的存在」或本具的本體。「空性」是指事物並無以體性或自性為基礎的任何一種存在。

## 七畫

**我**（self；藏bdag）：有時是指「補特伽羅」（person），即在名言中確實存在的事物。然而，它常常是指一種增益的自性，這自性完全不存在，且顛倒地被虛構在補特伽羅或其他事物之上。

**見**（view；藏lta ba）：宗派的結論。宗喀巴常常使用「見」來作為「正見」（藏yang dag pa'i lta ba）的簡稱，即「諸法皆空」的立場。

**佛陀**（buddha；藏sangs rgyas）：在本書中，此字是指任何一個佛，即在大乘佛教之道上，已經證得正等正覺者。「the buddha」（佛陀）則特指歷史上的佛教創建者釋迦牟尼佛。

**佛護**（Buddhapalita）：其針對龍樹的《中論》所撰寫的論釋，是早期印度的一本重要論釋。他是一位應成中觀師。

## 八畫

**定**（concentration；藏ting nge 'dzin。或譯為「三摩地」）：毫無散亂地專注於禪修所緣境的一種善心。

**果**（fruit；藏'bras）：在修行之道的頂點所成就的事物。正等正覺的佛即是大乘修行之道的「果」。

**空性**（emptiness；藏stong pa nyid）：即自性完全不存在。例如，桌子的空性是桌子的存在是無自性的。

**金剛乘**（Vajrayana；藏rdo rje'i theg pa）：祕傳的佛教之道，修行者在一位合格上師的指導之下，學習去修持本尊瑜伽（deity yoga），即懷著信心觀想自己的身、語、意、所處的環境與友伴，皆是正等正覺佛之身、語、意、所處之環境與友伴。

## 九畫

**法**（Dharma；藏chos）：即佛陀的教導。它包括所有的教法，但是由於佛陀教導事物的真實與真諦，因此，它有時特指勝義真實。

**法身**（embodiment of truth；藏chos sku）：佛之正等正覺的一個面向，源自在菩薩道上累積廣大智慧的印記（或「果」）。

## 十畫

**真實**（reality；藏de kho na nyid, chos nyid, de bzhin nyid）：「空性」或「勝義諦」的同義字。

**格魯**（Ge-luk；藏dge lugs）：即「善律」（order of virtue）之意，由宗喀巴所創建的藏傳佛教傳統。達賴喇嘛也屬於此派。

## 十一畫

**基**（basis；藏gzhi。或譯為「根」）：即一切存在的事物，包括世俗的與勝義的。這些事物是修行之道（道）的「基」，而這條修行之道則能夠帶領修行者獲得覺悟之「果」。

**寂止**（serenity；藏zhi gnas）：一種心理狀態，以極為明晰、專注於一境與身心之微細輕安為特徵。

**寂護**（Shantarakshita）：自續中觀師，不像論師清辨，他是受到佛教唯心論的影響，認為心外無境。

**習氣**（latent predispositions；藏bag chags）：未顯現的煩惱形式。如同之前的雜草所留下的種子一般，它們體現煩惱再度展現的潛能。

**涅槃**（nirvana；藏myang ngan las 'das pa）：至少一部分的煩惱已經完全消融於空性之中，其中包括那部分所有的習氣都完全消融於空性，不會在人的心續中生起。

**密續**（tantra；藏rguyd）：金剛乘或金剛乘的經典。

## 十二畫

**善**（virtue；藏dge ba）：為未來的快樂創造因緣的事物。

**量**（valid；藏tshad ma）：確實的、具權威性的。在本書之中，用此字來形容認知。在這些認知之中，基本的知識是肯定正確的。

**悲心**（compassion；藏snying rje）：即希望其他有情眾生離苦與苦因的願望。

**無我**（selflessness；藏bdag med pa）：增益的自性不存在，此自性被無明顛倒地虛構在補特伽羅與其他事物之上。在應成中觀之中，補特伽羅或其他存在的事物皆無自性。

**無明**（ignorance；藏ma rig pa）：顛倒的概念分別或愚痴，通常用來指認為事物具有自性的虛妄概念分別。

**無常**（impermanence；藏mi rtag pa）：即剎那、剎那改變的特質；以這種方式存在的事物，遲早都會崩解。

**勝義心**（ultimate mind；藏don dam pa'i blo）：觀擇所緣境究竟自性的一種心。

**勝義諦**（ultimate truth；藏don dam bden pa）：由觀擇事物究竟自性（空性）的心所了知的所緣境。

**勝觀**（insight；藏lhag mthong）：觀慧，其直接引生修習的寂止，並且與寂止相融合。

**智慧**（wisdom；藏shes rab）：有關世俗諦或勝義諦的正確、觀擇的知識。

**清辨**（Bhavaviveka）：印度論師、中觀論著的作者，以優秀出色、一絲不苟的正理師聞名。他對佛護之於龍樹的解讀所提出的批評，是自續派的基礎。

**喜饒・堅贊**（Shay-rap-gyal-tsen, 1292-1361）：十四世紀一位具有高度影響力的西藏上師，其「他空性」的教法認為，空性並非指事物無自性，而是指無「勝義有」。

## 十三畫

**業**（karma；藏las）：我們所選擇的行為，也指我們在過去所選擇行為的制約力量。

**經**（sutra；藏mdo）：與佛陀之語有關的非密續經典。

**聖天**（Aryadeva，或譯為「聖提婆」）：印度論師，中觀論著之作者，龍樹（Nagarjuna）的早期追隨者，被認為是龍樹的心子（spiritual son）。

**解脫**（liberation；藏thar pa）：脫離輪迴的修行之道的頂點。

**煩惱**（affliction；藏nyon mongs）：心的一個面向，束縛有情眾生於輪迴之中，例如貪婪、瞋恨、愚痴、恐懼、驕慢與嫉妒等。

## 十四畫

**輕安**（pliancy；藏shin sbyangs）：在修持禪定的過程中，所生起的身心之堪能性與敏銳性。

**認知**（consciousness；藏shes pa。或譯為「知」）：即明晰與了知。對任何所緣境所產生的主觀經驗，即「覺知」（awareness；藏sems）與「心」（mind；藏blo）的同義字。

**實事師**（realist；藏dngos por smra ba）：這種人認為一些或一切存在的事物都擁有「勝義

有」（ultimate existence），即心觀察它們的真實自性時，便可以找到這些事物。

**福德**（merit；藏bsod nams）：過去善業的勢用。

**菩薩**（bodhisattva；藏byang chub sems dpa'）：在修行之道上，將要成為一個正等正覺之佛的人。尤其是指一個人具有達到覺悟的勇氣與決心，以及為了能在最佳可能的情況下幫助一切眾生而想成佛的願望。

## 十五畫

**緣起**（dependent arising；藏rten 'byung）：「緣此故彼起」（那個依仗這個而生起）的核心教法，即佛法的核心。由於沒有任何事物是於自身中存在的，因此所有存在的事物皆是緣起。「緣起」的一個重要例子是，輪迴依仗無明、業與其他相關的緣而生起。

**摩訶衍和尚**（Ha-shang Mahayana）：一位中國導師，他在《廣論》中發揮一個傳統角色的功能，代表修行者必須心無所念，才能契入勝義真實的教法。

**輪迴**（cyclic existence；藏'khor pa, srid pa）：尚未證得解脫的一切有情眾生所處的情況。我們被困在生、死、再生的無始循環之中，而此循環是以我們的業（行為）與煩惱為基礎。

**輪迴**（samsara；藏'khor ba, srid pa）：無始的痛苦循環，有情眾生因為本身的業與煩惱而受困其中。

**影像**（conceptual image；藏don spyi。又作「義總相」、「義共相」）：代表我們所思惟的一種內在的心所緣境。例如，當我聽到與了解「冰淇淋」一詞時，在我心中生起對冰淇淋的一般看法／意象。

## 十六畫

**道**（path；藏lam）：一種心的狀態，是通往解脫的修行的一部分；一般用來指這種心的狀態的進展順序。

**錯亂心**（mistaken consciousness；藏'khrul shes）：透過一種錯誤顯現而了解其所緣境的一種心。在應成中觀之中，唯有證得空性的心，才是完全無錯亂的。錯亂心對它們主要所緣境的理解可能是正確的或顛倒的，也可能是概念分別的或非概念分別的。

**龍樹**（Nagarjuna）：《中論》與許多其他經典論著的作者，中觀宗創始者。

## 十七畫

**應成派**（Prasangika；藏thal 'gyur pa）：月稱及其追隨者的中觀宗，以破除自性為特徵，甚至在名言中也是如此。此外，任何追隨此宗的人都以定解這一點為基礎，而非含糊的方式。

**應成論式**（consequence；藏thal 'gyur）：是指推論或邏輯上的必然結果，根據「因為Y，所以有X」所形成的論證，常常被用來向論敵提出反駁的推論，此時，正理Y是論敵所接受的事物，而從Y而來的X則是與論敵立場相反或不合理的事物。

**禪定**（meditative stabilization；藏bsam gtan）：專注於修習所緣境，毫無散亂至其他事物的善心。

**蓮花戒**（Kamalashila）：來自印度的中觀自續派論師。根據西藏的傳統，他在辯論中擊敗摩訶衍和尚，建立印度佛教作為西藏佛教的雛型。

## 十八畫

**離一與異**（lack of sameness and difference；藏gcig du bral）：一種論證，指出某件事物之所以不是「自性有」，是因為它既不與它的部分同一，也並非與它的部分相異。

**歸謬論證**（reductio ad absurdum；藏'gal ba'i thal 'gyur）：一種論證法，在這種論證法之中，其論點是荒謬而不合理的，但是在邏輯上卻產生自其他人所接受的一個論理。

## 十九畫

**顛倒心**（wrong consciousness；藏log shes）：顛倒地執取其主要所緣境的心，例如，天上只有一個月亮時，卻認為有兩個月亮的那種念頭。

**壞聚見**（view of the perishing aggregates；藏'jig tshog lta ba）：一種無明的心或顛倒心，它將補特伽羅我視為「自性有」。這是輪迴的根因。

## 二十畫

**覺悟**（enlightenment；藏byang chub）：在甚深覺醒的條件下圓滿佛教的修行之道。諸佛已經圓滿大乘的修行之道，並且證得正等正覺的狀態。

## 二十二畫

**蘊**（aggregate；藏phung po）：五蘊是有情眾生的身心成分，包括色、受、想、行、識等五蘊。

## 二十五畫

**觀察**（analysis；藏dpyad pa）：使用正理去審察某個所緣境，以尋求更深刻的理解。

**觀察修**（analytical meditation；藏dpyad sgom）：使用正理去更深入地理解所緣境的一種禪修。

**【注釋】**

(1) 我提供這些名詞解釋來幫助讀者閱讀，而非為了學術的辯論。一些詞彙是以格魯派煩瑣哲學所使用的定義來說明，但大多數詞彙的言語表達都在於提供教育性而非決定性的資訊。

# 延伸閱讀

我極力推薦法王達賴喇嘛所作的《如何看見你自己的真貌》（*How to See Yourself As You Really Are*, Atria Books, 2006）。它對如何修習空性作了非常清晰的概述。

本書主要以宗喀巴《菩提道次第廣論》（*The Great Treatise on the Stages of the Path to Enlightment*, Snow Lion Publications, 2000-2004）第3冊論「勝觀」的部分為基礎。我希望讀者將使用本書，作為深入宗喀巴論道次第的教法的起點。

若要閱讀專門針對宗喀巴的《廣論》所作的傳統論釋，請參見格西索巴（Geshe Sopa）的《證悟道次第》系列（*Steps on the Path to Enlightenment*, Wisdom Publications, 2004-）。這個系列尚未出版論「空性」的部分。

伊莉莎白・納波（Elizabeth Napper）的著作《緣起與空性》（*Dependent-Arising and Emptiness*, Wisdom Publications, 1989），其中包括早期針對《廣論》第3冊極大且重要的部分所作的翻譯與清晰的闡釋。

在我開始研究佛學時，我閱讀的兩本書以再版的形式印行，它們仍然是非常棒的起點：甘蘇・列登（Kensur Lekden）的《西藏密續住持的禪修》（*Meditations of a Tibetan*

*Tantric Abbot*, Snow Lion Publications, 2001），以及格西索巴、傑弗瑞・霍普金斯（Jeffrey Hopkins）合著的《斬斷顯現》（*Cutting Through Appearances*, Snow Lion Publications, 1990）。

除了《如何看見你自己的真貌》之外，在達賴喇嘛近期出版的著作當中，至少有三本直接處理空性：（一）《如何修行》（*How to Practice*, Pocket Books, 2003），這是一本非常基礎的導讀；（二）《心經之要》（*Essence of Heart Sutra*, Wisdom Publications, 2006），它闡釋這本著名的經典；（三）《修持智慧》（*Practicing Wisdom*, Wisdom Publications, 2005），它闡釋寂天《入菩薩行論》（*The Way of the Bodhisattva*）的〈智慧品〉。

甘・朗林巴（Gen Lamrimpa）在《了證空性》（*Realizing Emptiness,* Snow Lion Publications, 1999）之中，舉出使用中觀正理來看見真實的修行。

安迪・卡爾（Andy Karr）的《思量真實》（*Contemplating Reality*, Shambhala, 2007），它是一本詼諧風趣、措辭巧妙的好書，讓我們看見藏傳佛教內的其他傳統如何看待本書所呈現的相同議題。

宗喀巴的《正理之洋》（*Ocean of Reasoning*, Oxford University Press, 2006），由格西阿旺・桑騰（Geshe Ngawang Samten）、傑・加菲爾（Jay Garfield）合譯。這本書詳細論釋由龍樹所著、最重要的印度中觀教典《根本慧論》（*Fundamental Wisdom*）。

傑弗瑞・霍普金斯的《修習空性》（*Meditation on Emptiness*, Wisdom Publications,

1983）是一本論「空性」的經典、廣泛的、具權威性的著作。你不會一次把它讀完，但是在未來幾年裡，你將會持續地回頭去閱讀它。霍普金斯的《空性瑜伽》（*Emptiness Yoga*, Snow Lion Publications, 1987）使用一種比較個人的聲音，教導我們仔細地觀察為何我們平常認知世界的方式是顛倒的。

某些讀者發現我的另一本著作《顯現與真實》（*Appearance and Reality*, Snow Lion Publications, 1999）也有所幫助。這本書檢視宗喀巴的格魯傳統如何理解勝義與世俗之間的關係。在《二諦》（*The Two Truths*, Snow Lion Publications, 1992）之中，我細查格魯派學者的佳作，理出一些更精微的中觀哲學要點。

觀自在BA1022

# 空性

## 宗喀巴《菩提道次第廣論》之空性教導

---

作　　者　蓋・紐蘭（GuyNewland）
譯　　者　項慧齡
顧　　問　陳法菱
責任編輯　于芝峰
特約編輯　釋見澈、曾惠君
封面設計　黃聖文
內頁構成　曹秀蓉
校　　對　曾惠君、魏秋綢

發 行 人　蘇拾平
總 編 輯　于芝峰
副總編輯　田哲榮
業務發行　王綬晨、邱紹溢
行銷企劃　陳詩婷

出　　版　橡實文化 ACORN Publishing
臺北市10544松山區復興北路333號11樓之4
電話：（02）2718-2001　傳真：（02）2719-1308
網址：www.acornbooks.com.tw
E-mail信箱：acorn@andbooks.com.tw

發　　行　大雁出版基地
臺北市10544松山區復興北路333號11樓之4
電話：（02）2718-2001　傳真：（02）2718-1258
讀者服務信箱：andbooks@andbooks.com.tw
劃撥帳號：19983379　戶名：大雁文化事業股份有限公司

印　　刷　中原造像股份有限公司
初版一刷　2011年7月
初版五刷　2021年6月
定　　價　280元
I S B N　978-986-6362-30-9（平裝）

國家圖書館出版品預行編目資料

空性：宗喀巴《菩提道次第廣論》之空性教導 / 蓋.紐蘭（Guy Newland）著；項慧齡 譯. -- 初版. -- 臺北市：橡實文化,
大雁文化, 2011.07
208面；17×22公分
譯自：Introduction to Emptiness : as taught in Tsong-kha-pa's
Great treatise on the stages of the path
ISBN 978-986-6362-30-9(平裝)

1.藏傳佛教 2.佛教教理 3.佛教修持

226.961 100011845